汪中著

清詞金荃

雨盦

文史哲出版社印行

國家圖書館出版品預行編目資料

清詞金荃 / 汪中著. – 三版. -- 臺北市：
文史哲, 民 104.06
頁： 公分.
ISBN 978-986-314-260-7 (平裝)

1.清代詞 2.詞論

823.8 104010625

清 詞 金 荃

著 者：汪 中
出 版 者：文 史 哲 出 版 社
http://www.lapen.com.tw
登記證字號：行政院新聞局版臺業字五三三七號
發 行 人：彭 正 雄
發 行 所：文 史 哲 出 版 社
印 刷 者：文 史 哲 出 版 社
臺北市羅斯福路一段七十二巷四號
郵政劃撥帳號：一六一八〇一七五
電話886-2-23511028 · 傳真886-2-23965656

實價新臺幣二六〇元

中華民國 六 十 年（1971）十 一 月 再 版
中華民國一〇四年（2015）六 月 三 版

ISBN 978-986-314-260-7 86208

清詞金荃目次

清詞金荃

緒論

文章之道，因風氣爲流別。詞何獨不然？唐季、五代，多悽戾之音，託諸豔體，而急節哀弦，短祚末運之所造，猶之六朝之詩，怨深文綺，而建安風力盡矣！迨北宋開高健一派，文質相輔，楊守齋所謂：「無轉摺怪異不祥之音。」時當其盛，故辭采華茂也。南宋作者多主疏放，或溢麗雕潤，其高者止於雅澹；亦其遭世亂離，才人流宕，皆鬱結不得通其意之所爲，可以怨未可以群也。

金、元以降，則意銳而力弱失之，柔嫚恒多，自然英旨罕値其人。

清代初期，爲學人之詞，往往工於發端，而末篇易躓，可徵晚節之難也。然其以著述餘事，託音淒清，文典以怨，雖不中不遠已。乾、嘉以還，漸分詞派，而雕絢爲工，轉失眞宰。至夫皋文持之以正，順卿繩之以律，縱互有偏執，特爲斯道之中興，駸駸欲度驊騮前。而鄙促輕巧，終乏雅宗，世風雜糅，淪於險仄。

洎夫同、光，中白、復堂、半唐、蕙風一時倡導，鄭大鶴（文焯）以才力雄獨進復古音，而易鼎順謂其追撢兩宋，精辨七始，抉微晞奧，梳櫛披奏，聽於無聲，眇忽成律，使樂官比響，不累於詠歌，文士摛華，靡淆於絃笛，故能鬱伊善感，和平蕩聽。而朱彊邨（孝臧）亦復蒼勁沈著，深文隱蔚，學夢窗而情味殆有勝焉。王國維以爲有臨川、廬陵之高華，而濟之以白石之疏越，學人之詞，斯爲極則。晚清作者，遂度越昔賢矣。

余綜有淸一代之詞推之，俾知夫潛學洞古，鏤心鉥肝，以蘄鳴一家之匪易。威鳳一羽，崑玉片珍，裒而集之，得考覽焉。

清詞金荃

桐城汪　中述

第一編

（一）初期學人之詞

清初詞人多明代舊臣，沿襲王元美、陳臥子之風，規撫花間，一主於婉麗，而疏於律。然其時樸學日昌，品節日勵，或湛深於經術，或冥索於性天，以餘力及詞，載酒行吟，情致斯暢，流風所被，各植根柢。填詞度曲之微，亦有厚薄深淺之分，而振大雅之正音矣！

吳偉業　號梅村，字駿公，江南太倉人。明萬曆三十七年（一六〇九）生，舉崇禎辛未會試第一，歷官宮詹學士。入清，官國子監祭酒，康熙十年（一六七一）卒。梅村才華豔絕，歷經喪亂，有庾子山之身世，多悲愴之音。其詞如：

滿江紅 蒜山懷古

沽酒南徐，聽夜雨，江聲千尺。記當年、阿童東下，佛貍深入。白面書生成底用？蕭郎裙屐偏輕敵。笑風流北府好談兵，參軍客。人事改，寒雲白。舊壘廢，神鴉集。儘沙沈浪洗，斷戈殘戟。落日樓船鳴鐵鎖，西風吹盡王侯宅。任黃蘆苦竹打寒潮，漁樵笛。

起處突兀而來，譚復堂謂：「溜於稼軒。」「儘沙沈浪洗，斷戈殘戟」四句，思深詞怨，作全篇結束，是身世之感使然。其賀新郎：「萬事催華髮」一闋，悲感萬端，遂不覺詞之直率耳。

李雯　字舒章，上海人。明萬曆三十六年（一六〇八）生。順治初，廷臣交薦其才，授內院中書。四年（一六四七）卒。其詞淒咽，多亡國之音，如：

菩薩蠻

薔薇未洗燕支雨，東風不合催人去。心事兩朦朧，玉簫春夢中。斜陽芳草隔，滿目傷心碧。不語問青山，青山響杜鵑。

婉約似唐、五代人。又：

鵲踏枝　落葉

慘碧愁黃無氣力，做盡秋聲，砌滿闌干側。疑是紗窗風雨入，斜陽又送棲鴉急。不比落花多愛惜，南北東西，自有人知得。昨夜小樓寒四壁，半堆金井霜華白。

頓抑揚頓挫，颯颯移人。至如：

風流子　送春同芝麓

誰教春去也？人間恨，何處問斜陽？見花褪殘紅，鶯捎濃綠，思量往事，塵海茫茫。芳心謝，錦梭停舊織，麝月懶新妝。杜宇數聲，尚餘驚夢；碧闌三尺，空倚愁腸。　東君抛人易，回頭處，猶是昔日池塘。留下長楊紫陌，付與誰行？想折柳聲中，吹來不盡，落花影裏，舞去還香。難把一尊輕送，多少暄涼。

惜春亦自惜，同病相憐也。其「誰教春去也」數語發喘悽異，殆非人間語，含多少深情哀怨！

曹溶　字秋岳，號倦圃，浙江秀水人。明萬曆四十一年（一六一三）生，崇禎進士，授御史。入清，官戶部侍郎。廣東布政使。康熙二十四年（一六八五）卒。工詩詞，爲浙派樹先聲，有靜惕堂集。

薄倖 題壁

綠楊絲綰。勒馬處、一程雲棧。慢佇想，安排此夜。知入誰家淚眼？試說與、宿雨餐沙，三秋禁斷間簫管。更止酒新盟，攀花密祝，青鬢偎人不暖。　向有限關河裏，偏只見悲歡聚散。記粉巾鴛字，歌裙鳳縷，尋思誤把歸期緩。不干緣淺。要迷蹤困影，山尖海角塡情滿。自歎自惜，莫負風亭月館。

風塵客淚奔赴筆底，安排此夜，入誰家淚眼？分明有淚，而不說到本身，卻言：「知入誰家淚眼？」過片「向有限關河裏，偏只見，悲歡聚散。」尤奇特淒厲，感人至深。收處「要迷蹤困影，山尖海角塡情滿。」情何悱惻忠厚！「自歎自惜，莫負風亭月館。」又放筆作收，風致孤邁，最見格調。小詞如：

蝶戀花 杏花

深巷賣花將客喚，倏過清明，記取韶光半。玉勒城南芳草岸，少年情味天難管。 斜倚一枝嬌盼遠，沽酒他家。細雨空零亂，淚濕粉渦紅尚淺，有人樓上和春倦。

詠物詞最難工，白石、碧山以典重之筆爲之。此不強爲呻吟，起首即入題，從花寫到年少，是亦離騷：春秋代序，美人遲暮之感也。下闋爲杏花傳神，春光老去，人與花渾不能分矣！

宋琬 字玉叔，號荔裳，山東萊陽人。明萬曆四十二年（一六一四）生，順治丁亥進士，官四川按察使。康熙十二年（一六七三）卒。與施愚山齊名，世稱「南施北宋」，有安雅堂集、二鄉亭詞。

浣溪沙

乍暖猶寒二月天，玉樓長傍博山眠，沈香火冷少人添。　殘雪纔消春鳥弄，畫闌干外草芊綿，幾時青得到郎邊？

寫春閨冷落之情，髣髴唐人樂府。「幾時青得到郎邊？」變「青青河畔草」，其神尤飄渺不盡。又若：

蝶戀花　旅月懷人

月去疏㡘纔幾尺，烏鵲驚飛，一片傷心白。萬里故人關塞隔，南樓誰弄梅花笛？　蟋蟀燈前欺病客。清影裵回，欲睡何由得？牆角芭蕉風瑟瑟，生憎遮掩窗兒黑。

此詞則憂讒畏譏，小雅長楚之遺，而又深得陳思王詩意味。荔裳曾以旗子所陷，下獄三年，人生險仄，深有體悟，不覺其言之淒苦，此蓋得白後流寓吳越之作乎？「萬里故人關塞隔，南樓誰弄梅花笛？」有子卿去國之悲，朋交星散之感。牆角芭蕉、燈前蟋蟀一例使人生憎，眞是無可奈何之極，閒愁最苦者也。

宋徵輿　字轅文，江南華亭人。明萬曆四十六年（一六一八）生，順治丁亥進士，官至副都御史。與李雯、陳子龍皆以古學相砥礪。康熙六年（一六六七）卒。轅文才思博贍，詞於清初儼然作者，有林屋詩文藁。其小令幽憶哀斷之音，酷似孫光憲，是善學花間者。

小重山

春流半繞鳳皇臺。十年花月夜，汎金杯。玉簫嗚咽畫船開。清風起，移櫂上秦淮。　客夢五更回。清砧迎塞雁，渡江來。景陽宮井斷蒼苔，無人處，秋雨落宮槐。

踏莎行

錦幄銷香，翠屏生霧，妝成漫倚紗窗住。一雙青雀到空庭，梅花自落無人處。　回首天涯，歸期又誤。羅衣不耐東風舞。垂楊枝上月華明，可憐獨上銀床去。

憶秦娥　楊花

黃金陌，茫茫十里春雲白。春雲白，迷離滿眼，江南江北。　來時無奈珠簾隔，去時著盡東風力。東風力，留他如夢，送他如客。

三闋皆規撫晚唐，譚復堂以為：「何減馮、韋？」「垂楊枝上月華明，可憐獨上銀床去。」皆怨而不怒。至憶秦娥：「春雲白，迷離滿眼，江南江北。」眞細看來不是楊花，點點是離人淚。所謂古之傷心人別有懷抱，不獨自悲身世也。又詠物詞：

玉樓春 燕

雕梁畫棟原無數，不問主人隨意住。紅襟惹盡百花香，翠尾掃開三月雨。半年別我歸何處？相見如將離恨訴。海棠枝上立多時，飛向小橋西畔去。

雖自史梅溪來，而畦逕迥異。然其綺羅香詠落花有：「血模糊，萬點燕支，杜鵑啼盡行人路。」之句，落花言血，自是從啼鵑來，則笨伯之筆，孤負好題。視此如出兩手，一藝之難如此。蝶文最佳之製則爲：

蝶戀花

寶枕輕風秋夢薄。紅斂雙蛾，顛倒垂金雀。新樣羅衣渾棄卻，猶尋舊日春衫著。　偏是斷腸花不落。人苦傷心，鏡裏顏非昨。曾誤當初青女約，祇今霜夜思量著。

兀嵂似半山千秋歲引，舊國之感，如見其人，不讓韋相諸闋專嫩於前，故復堂亦謂此悱惻忠厚之辭也。

王庭　字言遠，又字邁人，嘉興人。順治己丑進士。官山西布政使。工詩，與兄价人稱「梅里二王」，有三仕二西秋間漫餘等草。其詞最爲感慨者如：

暗香　漢門夜泊

半城落日，噪昏雅驚起，垂天雲黑。小艇泊來，不住江南住江北。黃鶴樓荒何在？只十里煙波凝碧。聽不到醉酒仙人，樓上夜吹笛。行客，眠未得。欲寄與暗懷，難附飛翼。停歌月出，鸚鵡洲橫動寒色。歷歷晴川草樹，輕浪卷一江風急。待曉發雞唱也，滿帆霜白。

其眞力彌滿，不著雕飾。眼前景、心頭事，都從高處寫來，此謂畫家白描妍手，倚聲能事盡矣！唐人詩有以一首而名者，吾於邁人亦云然。

屈大均　字翁山，廣東番禺人。明諸生，國亡爲僧，號一靈、今種、騷餘（王昶明詞綜有一靈詞）。工詩，與陳恭尹、梁佩蘭稱「嶺南三大家」。朱彊邨題翁山詞集曰：「湘眞老，斷代殿朱明。不信明珠生海嶠，江南哀怨總難平，愁絕庾蘭成！」其詞如：

長亭怨　與李天生冬夜宿雁門關作

記燒燭，雁門高處，積雪封城，凍雲迷路。添盡香屑，紫貂相擁夜深語。苦寒如許！難和爾，淒涼句。一片望鄉愁，飲不醉，鑪頭馳乳。無處問長城舊主，但見武靈遺墓。沙飛似箭，亂穿向，草中狐兎。那能使，口北關南，更重作，幷州門戶？且莫弔沙場，收拾秦弓歸去。

蒼涼感慨之音，極似辛稼軒。負用世之才，遭艱屯之運，宜乎急弦無懦響也。又小令：

夢江南 四首之二

悲落葉，葉落落當春。歲歲葉飛還有葉，年年人去更無人，紅帶淚痕新。

悲落葉，葉落絕歸期。縱使歸來花滿樹，新枝不是舊時枝，且逐水流遲。

前首亡國之恨，以傷春之筆出之，亦稼軒法乳。後闋即曹子建吁嗟篇，「葉落絕歸期」，與子建「長去本根逝」正同。況蕙風曰：「『且逐水流遲』五字，含有無限悽惋，令人不忍尋味，卻又不容已於尋味。」眞使人千回百轉，戚戚無懽。

王夫之　號薑齋，湖南衡陽人。明萬曆四十七年（一六一九）生。亡國後，圖恢復，事不可爲，歸老於家。故國之感，一日不忘，經學之暇，而治楚辭。其詞芳悱纏綿，風格遒上。朱彊邨曰：「蒼梧恨，竹淚已平沈。萬古湘靈聞樂地，雲山韶濩入悽音，字字楚騷心。」最得船山之音旨矣！康熙三十一年（一六九二）卒。其詞有鼓棹初、二集，瀟湘怨詞。所作如：

綺羅香

讀邵康節遺事，屬纊之際，聞戶外人語，驚問所語云何？且云：『我道復了幽州。』聲息如絲，俄頃逝矣！有感而作。

流水平橋，一聲杜宇，早怕雒陽春暮。楊柳梧桐，舊夢了無尋處。拚午醉，日轉花梢，甚夜闌，風吹芳樹。到更殘，月落西峯，泠然胡蝶忘歸路。　關心一絲別墨，欲挽銀河水，仙槎遙渡。萬里閒愁，長怨迷離煙霧。任老眼，月窟幽尋，更無人、花前低訴。君知否？雁字雲沉，難寫傷心句。

愴懷故國，自序中言之甚明，與碧山詠物，同一君國之憂也。

摸魚兒

東洲桃浪（瀟湘小八景之一）

剪中流，白蘋芳草，燕尾江分南浦。盈盈待學春花靨，人面年年如故。留春住，笑幾許浮萍，舊夢迷殘絮。棠橈無數，儘泛月蓮舒，留仙裙在，載取春歸去。　佳麗地，仙院迢遙煙霧，濕香飛上丹戶。醮壇珠斗疏燈映，共作一天花雨。君莫訴！君不見，桃根已失江南渡。風狂雨妒，便萬點落英，幾灣流水，不是避秦路！

亦騷、雅之遺響，「君莫訴，君不見」亦可以怨矣！入後胎息稼軒，文士失職而喪亂無歸，湘水無情，空傷沅芷。雖悽戾之詞，而有清拔奇芳之氣。

徐燦　字湘蘋，江蘇長洲人。海寧陳之遴室，之遴入清官弘文院大學士，坐事免，尋流徙，卒於徙所。湘蘋善屬文，工詩詞。朱彊邨曰：「詞是易安人道韞，可堪傷逝又工愁，腸斷塞垣秋。」深爲惋惜之也。有拙政園詩餘。

永遇樂　病中

翠帳春寒，玉墀雨細，病懷如許！永晝愔愔，黃昏悄悄，金博添愁炷。薄倖楊花，多情燕子，時向瑣窗細語。怨東風、一夕無端，狼藉幾番紅雨。　曲曲闌干，沈沈簾幕，嫩草王孫歸路。短夢飛雲，冷香侵佩，別有傷心處。半煖微寒，欲晴還雨，消得許多愁否？春來也！愁隨春長，肯放春歸去？

此殆遼陽遠戍之作，「薄倖楊花，多情燕子，時向瑣窗細語。怨東風，一夕無端，狼藉幾番紅雨。」詞旨殊怨。過片對紅雨而洽當病懷永晝之際，王孫思歸情切矣！「短夢飛雲」以下，更收以重筆，讀之使人抑鬱低回不置。之遴序其詞曰：「每閱一首，輒憶歲月及轍迹所至，相對黯然，毋論海濱故第化爲荒烟斷草，諸所游歷皆滄桑不可問矣！自通籍去國，迨再入春明不及一紀，而人事變易，賦詠零落，若此能不悲哉？」由此可以知湘蘋詞，其溫柔敦厚之語，佳者追宋諸家，次亦楚楚無近人語，中多悽惋之調，蓋所遇然也。讀永遇樂尤愴懷不已。小令如：

卜算子

小雨做春愁，愁到眉邊住。道是愁心春帶來，春又歸何處？屈指算花期，轉眼花歸去。也擬花前學惜春，春去花無據。

陳維崧婦人集選湘蘋詞，以爲才鋒遒麗，小詞絕佳，蓋南宋以來閨房之秀一人而已。其詞娣視淑眞，姒蓄清照。至「道是愁心春帶來，春又歸何處？」又「衰楊霜遍灞陵橋，何物是前朝？」等語，纏綿辛苦，兼撮屯田、淮海諸勝，江山靈秀所鍾，信有以也！

（二） 才人之詞與詞人之詞

清初才人碩彥出其緒餘以爲詞，久而專精。陳廷焯曰：其才有餘而沈厚不足。如王漁洋詞以疏秀取勝，風度即見纖儒，而重拙之妙不可得見。人人涉想於淸空中作綺情語，搖曳爲主，雍容爲用，末流之輩，弊不勝言。或又以辛、劉爲宗者，遂多粗獷，自謂起八代之衰，蓋視阮亭矯枉過正，其失一也。是淸詞不歸綺麗即趨雄獷，然一、二作者，其佳什猶有淸腴之氣。詞宜淸不宜瘦，淸瘦則寡味，淸而腴則饒厚永之音，運腴語於淸思，斯爲妙矣！

龔鼎孳　字孝升，號芝麓，安徽合肥人。明崇禎戊辰進士，入淸，官刑部尙書。頗擅才華，亦偶爲詞，有諷諭之旨，著定山堂集。

東風第一枝　春夜同秋岳

鳳琯排煙，鵾笙拂月，歲華初到街鼓。柳絲約定歡期，花信吹開恨處。今宵酒琖，又勾引蜂翻蝶聚。近小窗，紅雨生生，吹作一簾芳霧。飛豔縷、紫絨偷度；挑錦字、玉麟舊侶。遠山千疊銷魂，畫屏一聯繡句。東風力輭，便逗起春愁無數。趁踏青，好賦閒情，莫遣少年空去！

「又勾引蝶翻蜂聚。」數語應有寄託，與稼軒摸魚兒：「算只有殷勤，畫簷蛛網，盡日惹飛絮。」詞意如出一轍，就眼前寫來有風度，遂不妨側豔耳！

王士禎　字貽上，號阮亭，又號漁洋山人，山東新城人。順治十五年舉會試，官至刑部尚書。康熙五十年（一七一一）卒，年七十八。少遊歷下，賦秋栁詩，和者數百人，吳梅村云：「貽上在廣陵，晝了公事，夜接詞人。」一時文士多與之遊。徧歷秦、晉、洛、蜀、閩、越、江、楚間，山川登臨，一發於詩。其詞一如詩，以風韻勝，故陳廷焯以爲：仍是七絕慣技，然自是大雅，但少沈鬱頓挫之致。有衍波詞，唐允甲序云：「貽上束其鴻博淹雅之才，作爲花間儁語，極曲豔之深情，窮倩盼之逸趣。」朱彊邨題云：「消魂極，絕代阮亭詩。見說綠楊城郭畔，游人爭唱冶春詞，把筆盡淒迷。」皆定評也。

減字木蘭花 揚州和弇州均

紗窗夢起，極目玉關人萬里。斜綰千條，自古銷魂是灞橋。
春陰不盡，除却殘鶯誰借問？陌上樓前，消得香閨幾日憐？
極似花間，「消得香閨幾日憐？」是敦厚語。

醉花陰

香閨小院閒清晝，屈戍交銅獸。幾日怯輕寒，簾局香濃，不覺春光透。韶光轉眼梅花後，又催裁羅袖。最怕日初長，生受鶯花，打疊人消瘦。

此詞猶是從唐人閨怨詩化出。復堂以爲：「含悽垂縮，尚不墮入曲子也。」小令貴在風神，故有一二警策語，便足當行，深入淺出，跌蕩搖曳，而意諧迴環，不失於厚，乃爲佳製。又：

蝶戀花　和漱玉

涼夜沈沈花漏凍。欹枕無眠，漸聽荒雞動。此際閒愁郎不共，月移窗罅春寒重。憶共錦衾無半縫，郎似桐花，妾似桐花鳳。往事迢迢徒入夢，銀箏斷續連珠弄。

鳳凰臺上憶吹簫　和漱玉

鏡影圓冰，釵痕却月，日光又上樓頭。正羅幃夢覺，紅褪緗聲

○睡眼初瞤未起，夢裏事尋憶難休。人不見，便須含淚，強對殘秋。 悠悠，斷鴻南去，便瀟湘千里，好爲儂留。又斜陽波遠，過盡西樓。顛倒相思難寫，空望斷，南浦雙眸。傷心處，青山紅樹，萬點新愁。

皆以新穎之筆寫來備極芳馨，蓋詞中有貌極濃豔，而用之則極沈痛者，不外由豔生愛，由愛生珍重，由珍重生憐惜耳。天下可愛之物有幾？當其可愛者，更有幾時？而愛固無盡也。因之愈濃豔者，亦自愈沈痛，理有可通，但非妙筆不能曲達此情耳。漁洋長調殆將駕易安而上之，蝶戀花之過片神追清眞：「強整羅衣擡皓腕，更將紈扇掩酥胸，羞郎何事面微紅。」（清眞浣溪沙）何其善寫綺情耶？若：

浣溪沙

紅橋同籜菴、茶村、伯璣、其年、秋崖賦。錄一北郭青溪一帶流，紅橋風物眼中秋，綠楊城郭是揚州。　西望雷塘何處是？香魂零落使人愁，澹煙芳草舊迷樓。

則是七絕之風神。

李天馥　字湘北，號容齋。安徽合肥人。崇禎八年（一六三五）生。順治戊戌進士，官至武英殿大學士，康熙三十八年（一六九九）卒。謚文定。有容齋集，小詞有五代風：

憶王孫

妬春良夜愛春朝，花外紅樓卷絳綃。極目香塵舊板橋。路迢迢，不見歸鞍見柳條。

曹貞吉　字升六，號實菴，山東安邱人。順治庚子舉人，官吏部員外郎。朱彊邨題其詞集：「留客住，絕調鷓鴣篇。脫盡詞流纖澤習，相高秋氣對南山，踆度衍波前。」謂貞吉詞勝於漁洋。有珂雪集。

留客住

鷓鴣

瘴雲苦！徧五溪，沙明水碧，聲聲不斷，只勸行人休去。行人今古如織，正復何事關卿？頻寄語。空祠廢驛，便征衫濕盡，馬蹄難駐。風更雨，一髮中原，杳無望處。萬里炎荒，遮莫摧殘毛羽。記否越王春殿，宮女如花，祇今惟賸汝？子規聲續，想江深月黑，低頭臣甫。

此詞骨氣峻切，妙能節節空靈，轉折處波瀾老成，無傷直率。收子規三句，惜失淸空之致，未免弩末。詞貴淸空而病質實，「低頭臣甫」是何語耶？此爲貞吉名篇，但有微憾，夫長調詞易患質實，質實之作，縱珠玉井陳，不過瑰麗如入五都之市，若參以疏秀淸空之氣，則位置得當，始足移人。試易以「故山歸夢，任江南唱徹，東風誰主？」則淸空矣！若：

掃花游　春雪，用宋人韻。

元宵過也，看春色蘼蕪，澹煙平楚。溼雲萬縷，又輕陰作暈，蜂兒亂舞。一夜梅花，暗落西窗似雨。飄搖去，試問逐風，歸到何處？　燈事纔幾許，記流水鈿車，畫橋爭路。蘭房列俎，歎蕣華易擲，鬢絲堆素。攤斷關山，知有離人獨苦。憑凭竚，聽塞城數聲譙鼓。

「憑凭竚」以下皆極空靈矣！珂雪在淸初詞人中，允爲大雅。王煒曰：「珂雪詞骯髒磊落，雄渾蒼茫，是其本色，而語多奇氣，惝恍傲睨，有不可一世之意。至其珠圓玉潤，迷離哀怨，於纏綿款至中自具瀟灑出塵之致，絢燦極而平澹生，不事雕鎪，俱成妙詣。」如留客住，掃花游諸篇之縣渺，殆近梅溪、碧山、叔夏、公瑾，其詠物以神氣勝也。

毛先舒　字稚黃，後更名騤，字馳黃。明諸生，少從蕺山講學，八歲能詩。仁和人，爲西泠十子之首，與奇齡、際可齊名，人稱「浙中三毛」。馳黃精韻學，著有韻學指歸、東苑詩鈔。其詞如：

水龍吟　一夜

恍然夢影樓臺，花枝亂學宮腰舞。雲肩殫著，微紅澹綠，厭厭眉嫵。明月雕闌，好風羅袖，半飄香雨。自空梁燕別，春深不見，絮簾外，雙雙語。　想得非關此世，飲瓊漿夙曾邀取。如何一夜，樹頭樹底，殘英無主？光景流波，此身也是，西陵坏土。只鍾情無奈，年華垂老，越添凄楚。

眞才人之筆，起處即飄忽而來，若天女散花，珠塵滿地。昔人謂跌宕之詞，宜有搖曳生姿之句，捭闔起落之境，馳黃此詞，得其妙旨，不徒如復堂所云：「詩人之詞」也。

沈謙　字去矜，仁和人。有東江草堂集，及詞均、詞譜、古今詞選，臨平記等著。工詞，能自度曲，如：

清平樂　羅帶

香羅曾寄，小鳳盤雲膩。要識春來腰更細，剩得許多垂地。

玉鉤移孔難尋，有時撚著沈吟，蹤跡可知無定，兩頭都結同心。

詠物當就物之標格、風神、形態以求之，其就物以言者，次也，其離物命意而約指及物者爲上，但就題用典以充篇幅者爲最下。此作從物之標格、形態求之，不以典實爲點綴，情致纏綿筆端，使人低回，純乎自然而不雕飾，故復堂以爲：小樂府遺意，與俳詞祇隔一塵，須辨之也。

蘇幕遮 閨病

燕聲嬌，花影碎。日過窓西，猶自厭厭睡，一線情絲常似醉。九十春光，半擁鴛鴦被。　醫銷紅，眉歛翠。便到沈身，總是多情淚。說與東風都不會。鏡子裙兒，曉得人蕉萃。

發端四句極能狀幽閨寂寞之景，「鏡子裙兒」有意規撫樂府，詞失於俚，是亦病也。又如：

浪淘沙

彈淚濕流光，悶倚回廊。屏間金鴨裊餘香。有限青春無限事，不要思量。只是輭心腸，驀地悲傷。別時言語總荒唐。寒食清明都過了，難道端陽。

「有限青春」、「別時言語」句皆精妙，「難道端陽」便是殢句。蓋短音急節只數字，須有千轉百折，所謂情至無文也。然造詣未到即成俚語矣！其自度曲如：

東風無力 南樓春望

翠密紅疏，節候乍過寒食。燕銜簾，鶯睨樹，東風無力。正斜陽，樓上獨憑闌，萬里春愁直。　情思厭厭，縱寫徧新詩，難寄歸鴻雙翼。玉簪恩，金釵約，竟無消息。但蒙天卷地是楊花，不辨江南北。

此極稱題，「正斜陽」寫望春，結拍則春光老去，不堪凝望矣！復堂以為神似稼軒。其一蕚紅：「春情漫窺簾」一闋，則未守石帚自製曲入聲之字律，其疏於音拍，奚自度耶？

顧貞觀　字華封，號梁汾，無錫人。康熙壬子舉人，官國史院典籍。有彈指詞，曹秋嶽題曰：「神姿清澈，儼如瓊林琪樹，故其塡詞纏綿悽惋，恍聽坡公柳綿句，那得不使朝雲聲咽？」又曰：「讀彈指詞，有凌雲駕虹之勢，無鏤冰剪綵之痕，具此手筆，方可言香豔之妙。」梁汾生平與吳漢槎最稱莫逆，漢槎在寧古塔，梁汾有金縷曲，一字一淚，濃摯交情，艱難身世，讀之使人增朋友之重，可以興矣！詞長不錄。其：

南湘子　擣衣

嘹唳夜鴻鳴，葉滿階除欲二更。一派西風吹不斷，秋聲，中有深閨萬里情。　廊上月華明，廊下霜華結漸成，今夜戍樓歸夢裏。分明，人在回廊曲處迎。

斯即秋獄所謂香豔詞，淸空之筆，有飄逸之思，無刻鏤之迹。長調如：

雙雙燕　用史梅溪均

單衣小立，正秋雨槐花，鬢絲吹冷。鏡函如水，長憶畫眉人竝。殘葉暗飄金井，問燕子歸期未定。傷心社日辭巢，不是隔年雙影。　香徑，芹泥猶潤。只一縷紅絲，娛他嬌俊。幾多恩怨，絮徹杏粱煙暝。傳語別來安穩。待廿四番番風信。那時重試清狂，肯放雕梁獨凭。

詠物詞尙寄託，崚嶒風骨，磊落志節，均於詞見之，此以合比興之誼，所謂情文並茂也。其：

石州慢 御河爲漕艘所阻

一月長河，奈阻崎嶇，玉京猶隔。滿身風露，夜寒誰問，扣舷孤客？不如歸去，從教錦纜牙檣，釣絲莫負秋江碧。何事訪支機？悔乘槎蹤跡。　凄絕！無端閱徧，戰壘遺屯，郵亭敗壁。只得幾行宮柳，似曾相識。琵琶響斷，那須月落回船，曲終始下青衫滴。曉鏡待重看，有霜華堆織。

此寫貧士失職之懷抱，「凄絕」以下特有奇致，轉下蒼茫，所謂放筆作直幹也。其酷似稼軒者，則有：

金縷曲 秋暮登雨花台

此恨君知否？問何年，香消南國，美人黃土？結綺新妝看未竟，莫報諸軍飛渡，待領略，傾城一顧。若作金甌常怕缺，縱繁華千載成虛負。瓊樹曲，倩誰譜？

重來庾信哀難訴，是耶非，烏衣朱雀，舊時門戶。如此江山剛換得，才子幾篇詞賦？弔不盡，人間今古。試上雨花臺上望，但寒煙衰草秋無數。聽嘹唳，雁行度。

蒼茫變徵之音，興亡之悲，詞旨凄苦矣！

大江東去 魏荆州亮采世兄招集黃鶴樓、蔣馭鹿、朱悔人、華子山諸君同賦，用坡公元均。

倚樓清嘯，休重問，烟閣雲臺何物！總似磯頭，黃鶴影，瞥眼橫過石壁。百戰孫曹，一篇崔李，數點鴻泥雪。祇應沈醉，傲他千古人傑。誰道蘭蕙多情？一般芳草渡，萋萋爭發。別有憑闌無限意，不受潮浪磨滅。萬里空明，年時曾照取，鏡中顏髮。等閒孤負，第三層上風月。元注：烏乎，容若已矣！余何忍復拈長短句乎？是日狂醉，憶桑榆墅有三層小樓，容若與余昔年乘月去梯中夜對談處也，因寓此調落句及之。

皆神似蘇、辛，陳廷焯以爲：「華峯詞全以情勝，是高人一著處。至其用筆，亦甚圓朗，然不悟沈鬱之妙，終非上乘。」然如金縷曲、大江東去，何嘗不沈鬱耶？情勝則小令如七絕詩之神味，如：

浣溪沙 梅

物外幽情世外姿，凍雲深護最高枝，小樓風月獨醒時。

一片冷香惟有夢，十分清瘦更無詩，待他移影說相思。

其詞筆之剔透玲瓏，風神獨絕，詠物雅令也。比之排比嫩辭，鬟積冷典，相去眞萬萬矣！

納蘭性德　字容若，遼陽人，太傅明珠之子。康熙癸丑進士，選侍衛。幼慧，喜爲詞，清新秀雋，自然超逸，所交皆一時儁異，如無錫嚴繩孫、顧華封，秦松齡，宜興陳維崧，慈谿姜宸英，均所契厚。吳江吳兆騫戍寧古塔，容若欽其才名，贖而還之。康熙二十四年卒，年三十一。有飲水集，朱彊邨題曰：「蘭錡貴，肯作稱家兒？解道紅羅亭上語，人間寧獨小山詞？冷暖自家知。」容若長於小令，往往悽惋令人不能卒讀，陳維崧以爲：「哀感頑豔，得南唐二主之遺。」如：

清平樂

風鬟雨鬢，偏是來無準。倦倚闌干看月暈，容易語低香近。

軟風吹過紗窓，心期便隔天涯。從此傷春傷別，黃昏只對梨花。

亦閒雅亦悽惋。又：

秋千索 淥水亭春望

游絲斷續東風弱，無一語，半垂簾幙。茜袖誰墖曲檻邊？弄一縷，秋千索。　惜花人共殘春薄，春欲盡，纖腰如削。新月纔堪照獨愁，卻又照，梨花落。

此詞有驩愉處，有哀怨處。鄭大鶴擬將「獨照愁」之「愁」字易爲「眠」字，則妙在通體不著一愁字，却字字是愁，斯言深可味。此是天龍一指禪，恨不得起納蘭同證聲公果也。

河傳

春淺，紅怨，掩雙環。微雨花間，晝閒，無言暗將紅淚彈。闌珊，香銷輕夢還。斜倚畫屏思往事，皆不是，空作相思字。記當時，垂柳絲，花枝，滿庭胡蝶兒。

此寫往事只在景中人，是詞家三昧，若再切情，便爲黏伯。「花枝，滿庭胡蝶兒。」純以景見情，眞是過盡千颿都不是，斜陽脈脈水悠悠矣！長調如：

念奴嬌 廢園

片紅飛減，甚東風，不語只催飄泊？石上胭脂花上露，誰與畫眉商略。碧甃缾沈，紫錢釵掩，雀踏金鈴索。韶華如夢，爲尋好夢耽閣。又是金粉空梁，定巢燕子，一口香泥落。欲寫雲箋憑寄與，多少心情難託。梅豆圓時，柳緜飄處，失記當初約。斜陽冉冉，斷魂分付殘角。

周稚圭曰：「或言納蘭容若南唐李重光後身也，予謂重光天籟也，恐非人力所及。容若長調多不協律，小令則格高韻遠，極纏綿婉約之致，能使殘唐墜緒絕而復續。第其品格殆叔原、方回之亞乎？」容若有臺城路「白狼河北秋偏早」一闋，譚復堂以爲逼眞北宋，然不如：

念奴嬌 和劉雷恆均

楊花飛絮，歎沈沈庭院，春歸何許？盡日黃塵飛綺陌，迷卻夢游歸路。世事悠悠，生涯汎汎，醉眼斜陽暮。傷心怕問，斷腸何處金鼓？　夜雨月色如銀，和衣高臥，花影斜街度。脈脈此情誰得識？又道故人別去。細數落花，更闌未睡，別是愁情緒。聞人長嘆，西廊惟有鸚鵡。

下闋神來，容若曼聲此曲獨工。容若天分極高，惜乎享年不永。遭承平之世，爲烏衣之族，其詞無雕蟲篆刻之譏，純任性靈。故況蕙風謂其：「甘受和，白受采，進於沈著渾至何難矣？」王靜安則以容若：「以自然之眼觀物，以自然之舌言情，此由初入中原，未染漢人風氣，故能眞切。」總之，容若慢詞規撫宋人，尚非上乘，小令則寖寖於唐，接迹於飛卿矣！

彭孫遹　字駿孫，海鹽人。崇禎四年（一六三一）生。順治己亥進士，康熙己未舉博學鴻詞第一，授編修，官至吏部侍郎。康熙三十九年（一七〇〇）卒。有延露詞，吳衡照曰：「羨門有才子氣，於北宋中最近小山、少遊、耆卿諸公，格韻獨絕。」其短調如：

生查子

薄醉不成鄉，轉覺春寒重。鴛枕有誰同？夜夜和愁共。　夢好却如眞，事往翻如夢。起立悄無言，殘月生西弄。

踏莎行

鶯擲金梭，柳拋翠縷。盈盈嬌眼慵難舉。落花一夜嫁東風，無情蜂蝶輕相許。　尺五樓臺，秋千笑語。青鞵濕透燕支雨。流波千里送春歸，棠梨開盡愁無主。

陳廷焯以爲：「羨門得北宋人遺韻。」如：「夢好却如眞。」則仍是唐賢風調也。慢詞如：

宴淸都　螢火

四壁秋聲靜，疏簾外，幾點飛來破暝。輕沾葉露，暗棲花蕊，亂翻銀井。有時團扇驚回，又巧坐人衣相映。空自抱，半晌微光，願增照金樞景。幾番去傍深林，來穿小幔，高低不定。隨風欲墮，帶雨猶明，流輝耿耿。隋家宮苑何在？腐草於今無片影。向山堂，日伴幽人，琴書清冷。

善寫物態，隋家以下詠歎作結，尤令人低回不已。昔王漁洋以梅溪：「輭語商量不定。」爲巧極天工，似此「團扇驚回，又巧坐人衣」尤堪叫絕。縱梅溪復生，抽豪拂素亦無以過之矣！

吳綺　字薗次，江都人。順治拔貢，官湖州府知府。有藝香詞，藝香山爲西施種蘭處，在吳興，薗次爲吳興守，取以名集。佳句如：「把酒祝東風，種出雙紅豆。」「乳燕尋香未肯歸，玉奴背面秋千下。」皆香蒨傳誦一時，其詞含悽古淡，如：

浣溪沙

吳苑青苔鎖畫廊，漢宮垂柳映紅牆，教人愁殺是斜陽。天上無端催曉暮，人間何事有興亡？可憐燕子只尋常。

花非花　離情

月方沈，天將曙。夢不成，留莫住。樓中無數可憐人，江南盡種相思樹。

浣溪沙　客懷

搖落關河嬾問津，扁舟萬里送孤身，亂山秋色又斜曛。江上怕逢吹笛客，月中難作倚樓人，可憐愁殺鮑參軍。

尤侗　字同人，更字展成，號悔庵，晚自號西堂老人。順治戊子拔貢，康熙己未舉博學鴻詞，授檢討晉官侍講。有西堂集，西堂詞、曲名擅一時，吳蘭次曾跋其菩薩蠻曰：「吾友悔庵文高於命，宦薄於名。劉公幹高臥清漳，王仲宣哀吟荊楚，爰以沈鬱之意，寫爲穠麗之音。」深得悔庵之心。其小令有南唐遺韻，白雨齋以爲小令最不佳，非篤論也，其：

踏莎行

獨上妝樓，青山如昨。畫眉彩筆春來閣，休彈紅雨濕花梢，淚珠自向心頭落。　可恨東風年年薄，天涯不管人飄泊，漫將薄倖比楊花，楊花猶解穿羅幕。

下闋詞氣何其婉約耶？其長調佳者如：

水龍吟　楊花，和東坡均

卷簾但見飛花，何時開起何時墜？玉人如夢，隨風遊戲，幾多愁思？爲問章臺，青青在否？宮眉應閉。剩蠻腰解舞，飄飄上下，還學三眠三起。　分付雕梁燕子，好銜將小巢縈綴。謝孃纖手，搓來捏去，團成復碎。忽地傷心，人間天上，落花流水。倩輭縣堪拭，此中洗面，只餘清淚。

則非僅以婉約勝人，白雨齋所謂：「壯語工於綺語者」，乃爲知言。

毛奇齡　字大可，學者稱西河先生，浙江蕭山人。康熙十七年舉博學鴻詞，授翰林院檢討。精音律，工詩詞，有西河集，彊邨題曰：「爭一字，鵝鴨惱春江。脫手居然新樂府，曲中亦自有齊梁，不忍薄三唐。」其：

荷葉杯

五月南塘水滿，吹斷，鯉魚風。小娘停櫂濯纖指，水底，見花紅。

斯所謂新樂府也。又：

長相思

長相思，在春晚。朔日曈曨熨花暖。黃鳥飛，綠波滿。雀粟銜素璫，蛛絲斷金剪。欲著別時衣，開箱自展轉。

乃逼似齊、梁樂府之聲。其：

南柯子

驛館吹蘆葉，都亭舞柘枝。相逢風雪滿淮西，記得去年殘燭照征衣。　曲水東流淺，盤山北望迷。長安書遠寄來稀，又是一年秋色到天涯。

則近淮海、小山，西河經術甚深，以其餘緒爲詩詞，雖造境不深，而有五代、宋人氣韻，可誦也。

錢芳標　字葆馚，號寶汾，松山華亭人。康熙舉人，授內閣中書。工倚聲，有湘瑟詞，陳廷焯以爲：「工爲豔詞，造語尤妙，但不深厚。」彭羨門曰：「葆馚居淸切之地，雍容都雅，名滿海內，乃詞名湘瑟者，以仲文自況。夫曲終江上句非不工，然寥寥十韻，何至乞靈神助？以視是編之驚才絕豔，大歷才人殆不免有媿色矣！」湘瑟詞推衍唐人而酌裁於南朝樂府，如：

雙雙燕　逢長安舊歌者

記休沐宴，喚宣武門西。蕊珠名部，丁香坼後，見慣白浮鳩舞。惆悵飛雲散去，似一枕鈞天欲曙。誰知落拓逢伊，又是江南春暮。無數，青衫淚雨。對榻茶烟，鬢絲千縷。烏衣殘照，剩否翠衿雙語？聞說華榱易主，漸老却玄都千樹。贏得舊日何戡，莫唱渭城樂府。

此亦少陵江南逢李龜年也，舊恨新愁得何戡而一一傾訴爲快也。何期別易會難，又唱渭城之曲耶？其：

薄倖　故衣

裲襠殘線，記燈底，春蔥緝徧。向四角，中央盤處。認取柔腸輪轉。恨寸絲，難繫郎心，空箱疊並班姬扇。負冷試幷刀，香添蘄艾，多少深憐密眷。　到夢醒高唐後，愁不稱，沈腰鬆慢。枉熏籠珍重，魚鰥鳳渴，卷衣人比天猶遠。淚分明濺，待眠偎坐貼。新縣縱輭休輕換。摩挲半晌，還怕繚綾易綻。

此詞自樂府出，當與宋轅文蝶戀花：「新樣羅衣」數語，同一傷心之極，匪獨爲小蠻鍼線感舊哀時也。蓋作於易服色之時，故拳拳於敝衣改爲而深致歎息也。「向四角中央」、「魚鰈鳳渴」兩段詞意縈廻深厚，爲不苟作矣！

蔣平階　字大鴻，華亭人。諸生。性豪雋，有古義俠風，工詩文，小詞學唐、五代。

更漏子　無題

白團扇，羞遮面，憔悴不堪重見。青塚月，雁門霜，相思欲斷腸。

千里夢，孤舟送，花落枕函誰共？移翠靨，約金環，漏聲催曉寒。

極意摹擬飛卿，却見寸心機軸。

三五月，白如雪，猶照長安宮闕。花半落，燕高飛，東風恨未消。

則去國之感，是十九首之遺音也。

清初値易代之際，屢遭劇變，於是文壇傑士，皆鬱積幽憤，纏綿芳潔之情，以身世之感，不無寄託之詞，一一發之長短句中。雖不被弦管，而陶寫性靈，江山文藻，彌多故國之思，是其意格，恆多獨絕處也。自茲而降，風氣已開，有清一代遂爲詞學中興，華采紛披，與古競爽矣！

第二編　蘇浙詞人之衍派

清代初期，詞人以納蘭容若為大家，繼之則為朱陳郵詞。朱、陳出而詞分派，亦如詩之有江西，文之有桐城。譚復堂謂：朱傷於碎，而陳厭其率，錫鬯情深，其年筆重，亦復人所難到。其年作品之多，尤為罕見。浙派以後，又衍而為常州、止庵，詞遂與騷、雅相承矣！

（一）陳其年與朱竹垞

陳維崧　字其年，號迦陵，江蘇宜興人。康熙間應博學鴻詞試，授翰林院檢討。駢文與詞負聲名於當代，與秀水朱彝尊名相埒，合刻朱陳郵詞，其年自刻湖海樓詞。自有詞人以來，作品之富未有過於其年者，雖不及竹垞之開浙派，而影響詞壇亦鉅。其弟宗石序其詞集云：「伯兄少時，值家門鼎盛，意氣橫逸，謝郎捉鼻，麈尾時揮，不無聲華裙屐之好（其年爲貞慧子，客如皋冒氏水繪園，主人愛才，進聲伎以適其意），故其詞多作旖旎語。中更顛沛饑驅四方，或驢背清霜，孤篷夜雨，或河梁送別，千里懷人，或酒旗歌板，鬚髯奮張；或月榭風廊，肝腸掩抑；一切詼諧狂歗，細泣幽吟，無不寓之於詞。」其後號稱學蘇、辛者，固莫不以迦陵爲宗，其末流雖不免粗獷叫囂之失，要其沈雄豪邁，固一時之傑也。朱彊邨題其年詞集曰：「迦陵韻，哀樂過人多。跋扈頗參青兕意，清揚恰稱紫雲歌，不管秀師訶。」其中年以後之作，如：

夏初臨　本意（癸丑三月十九日，用明楊孟載韻。）

中酒心情，拆綿時節，瞢騰剛送春歸。一畝池塘，綠陰濃觸簾衣。柳花攪亂晴暉，更畫梁，玉剪交飛。販茶船重，挑筍人忙，山市成圍。 驀然卻想，三十年前，銅駝恨積，金谷人稀。劃殘竹粉，舊愁寫向闌西。惆悵移時，鎮無聊，掐損薔薇。許誰知？細柳新蒲，都付鵑啼。

賀新郎

贈蘇崑生（蘇，固始人，南曲爲當今第一。曾與說書叟柳敬亭同客左寧南幕下，梅村先生爲賦「楚兩生行」。）

吳苑春如繡。笑野老，花顛酒惱，百無一有。淪落半生知己少，除却吹簫屠狗。算此外，誰歟我友？忽聽一聲河滿子，也非關雨溼青衫透，是鵑血，凝羅袖。 武昌萬疊戈船吼。記當日，征帆一片，亂遮樊口。隱隱柁樓歌吹響，月下六軍搔首。正烏鵲，南飛時候。今日華清風景換，剩凄涼，鶴髮開元叟。我亦是，中年後。

二闋皆有故國喬木之感，如杜少陵歷天寶之賦哀江頭，老淚縱橫矣！又：

賀新郎

何生鐵（鐵，小字阿黑，鎮江人，流寓泰州，精詩畫，工篆刻。）

鐵汝前來者，曷不學，雀刀龍笛，騰空而化？底事六州都鑄錯，孤負陰陽爐冶？氣上燭，斗牛分野。小字又聞呼阿黑，詎王家處仲卿其亞？休放誕，人笞罵。　蕭疏粉墨營丘畫。更雕鎪，漸臺威斗，鄴宮銅瓦。不值一錢疇惜汝？醉倚江樓獨夜，月照到，寄奴山下。故國十年歸不得，舊田園總被寒潮打。思鄉淚，浩盈把。

似此不僅貌襲蘇、辛也，陳廷焯以爲：「飛揚跋扈，不可羈縛。」其氣魄絕大，骨力絕遒，其觸緒紛起，歌鐵亦所以自歌，澆塊壘耳

○其：

摸魚兒

家善伯自崇川來，小飲冒巢民先生堂中。聞白生璧雙亦在河下，喜甚，數使趣之。須臾，白生抱琵琶至，撥弦按拍，宛轉作陳、隋數弄，頓爾至致。余也悲從中來，幷不自知其何以故也。別後寒燈孤館，雨聲蕭槭，漫賦此詞，時漏已下四鼓矣！

是誰家，本師絕藝？檀槽掐得如許！半彎邏逤無情物，惹我傷今弔古。君何苦？君不見，青衫已是人遲暮。江東烟樹。縱不聽琵琶，也應難覓，珠淚曾乾處。　凄然也！恰似秋宵掩泣，燈前一對兒女。忽然涼瓦颯然飛，千歲老狐人語。渾無據！君不見，澄心結綺皆塵土。兩家後主，爲一兩三聲，也曾聽得，撇却家山去。

尤逼近稼軒，惜其直率寫來，用字不曾修飾，「掐得」掐字用於元曲則甚相宜，詞中總是吳儂語。「凄然也」、「也曾聽得」亦未深整飭，此不可學也。

虞美人

無聊笑撚花枝說，處處鵑啼血。好花須映好樓臺，休傍秦關蜀棧戰場開。　倚樓極目添愁緒，更對東風語，好風休簸戰旗紅，早送鮮魚如雪過江東。

其年有創作才，不爲古人所囿。少年有歡樂之事，憂患頻仍，悲愴滿目，發爲小詞，雖短篇而有無窮之氣象，壯濶波瀾，是其積蓄之久，而無詞人叫囂之病也。彊邨謂其「哀樂過人多」，沈思掦翰，庶不致無物矣！

朱彝尊　字錫鬯，號竹垞，又號金風亭長，小長蘆釣魚師，浙江秀水人。崇禎二年（一六二九）生。康熙己未舉博學鴻詞，授檢討，入直南書房。工詩，與漁洋爲南北二宗。康熙四十八年卒。錫鬯選唐、五代、宋、元詞爲詞綜，於以開浙西詞派。竹垞之詞蓋源於曹溶，其靜志居詩話云：「余壯日從先生（曹溶）南游嶺表，西北至雲中，酒闌燈灺，往往以小令、慢詞更迭唱和。有井水處，輒爲銀箏、檀板所歌。念倚聲雖小道，當其爲之，必崇爾雅，斥淫哇，極其能事，則亦足以昭宣六義，鼓吹元音。往者明三百禩，詞學失傳，先生搜輯遺集，余曾表而出之。數十年來，浙西塡詞者，家白石而戶玉田，舂容大雅，風氣之變，實由於此。」竹垞有曝書亭詞，分江湖載酒集、靜志居琴趣、茶烟閣體物集、蕃錦集四種，雖主於豔詞，而以醇雅爲宗。朱彊邨題曰：「江湖老，載酒一年年。體素微妨耽綺語，貪多寧獨是詩篇？宗派浙河先。」陳廷焯以爲：「竹垞詞疏中有密，獨出冠時，微少沈厚之意。」如：

高陽臺

吳江葉元禮，少日過流虹橋，有女子在樓上見而慕之，竟至病死。氣方絶，適元禮復過女門，女之母以女臨終之言告葉，葉入哭，女目始瞑。友人爲作傳，余紀以詞。

橋影流虹，湖光映雪，翠簾不卷春深。一寸橫波，斷腸人在樓陰。遊絲不繫羊車住，倩何人，傳語青禽？最難禁，倚徧雕闌，夢徧羅衾。　重來已是朝雲散，悵明珠佩冷，紫玉烟沈。前度桃花，依然開徧江潯。鍾情怕到相思路，盼長隄，草盡紅心。動愁吟，碧落黃泉，兩處難尋。

詞意未能饜題，當時諸才人英俊定有高製，不知身當其境者，又如何著傷心之語？竹垞詞之最沉厚者，當爲：

百字令　度居庸關

崇墉積翠，望關門一線，似懸檐溜。瘦馬登登愁徑滑，何况新霜時候？畫鼓無聲，朱旗卷盡，惟剩蕭蕭柳。薄寒漸甚，征袍明日添又。　誰放十萬黃巾？丸泥不閉，直入車箱口。十二園陵風雨暗，響徧哀鴻離獸。舊事驚心，長途望眼，寂寞閒亭堠。當年鎖鑰，董龍眞是雞狗！

詠古蒼茫悲慨，發耑亦如高屋建鈴，通闋傷亡明之故。由闖賊嘗困于車箱峽，用顧君恩詭謀，以所掠輜重、婦女賂陝督陳奇瑜左右，遂得脫險，長驅直入，京師大震，不匝月而明社以屋。軍旅之事，可不愼歟？曰十二陵尤足動人哀慕，誦之令人感憤塡膺，百憂具集。譚復堂評曰：「意深。」二字不足盡此詞之妙，亡國之音哀以思，悲夫！又：

水龍吟　謁張子房祠

當年博浪金椎，惜乎不中秦皇帝！咸陽大索，下邳亡命，全身非易。縱漢當興，使韓誠在，肯臣劉季？算論功三傑，封留萬戶，都未是，平生意。　遺廟彭城故里，有蒼苔，斷碑橫地。千盤驛路，滿山楓葉，一灣河水。滄海人歸，圯橋石杳，古牆空閉。悵蕭蕭白髮，經過擘涕，向斜陽裏。

兩解皆竹垞詞之傑作也。起首韓亡之痛，志士同悲，「縱漢當興」三句，指出子房心事，而有意貶高祖。下闋尤妙在清空一氣，哀斷之音聲滿天地，以視搬演史事、一味堆砌者有仙凡之判矣！悵蕭蕭白髮，擘淚斜陽，眞恨不得使洪、吳輩讀之耳。懷古詞之灑落又如：

蝶戀花　重遊晉祠題壁

十里浮嵐山近遠。小雨初收，最喜春沙輭。又是天涯芳艸徧，年年汾水看歸雁。繫馬青松猶在眼。勝地重來，暗記韶華變。依舊紛紛涼月滿，照人獨上谿橋畔。

唐李嶠汾陰行，有：「山川滿目淚沾衣，富貴榮華能幾時？不見祇今汾水上，唯有年年秋雁飛。」之句，此闋取其神韻以作詠歎。其靜志居琴趣猶有五代遺音：

卜算子

殘夢繞屏山，小篆消香霧。鎖日簾櫳一片垂，燕語人無語。庭草己含烟，門柳將飄絮。聽遍梨花昨夜風，今夜黃昏雨。

南樓令

疏雨過輕塵，圓莎結翠茵，惹紅襟乳燕來頻。乍暖乍寒花事了，留不住，塞垣春。歸夢苦難眞，別離情更親，恨天涯芳信無因。欲話去年今日事，能幾個，去年人？

皆含豪邈然，生香眞色。世傳竹垞風懷二百韻詩爲馮氏小姨作，而靜志居琴趣，則風懷之別支也，詳見冒廣生之小三吾亭詞話。然就詞論詞，自覺溫馨，殊不必穿鑿以求之。又：

漁家傲

淡墨輕衫染趁時，落花芳草步遲遲。行過石橋風漸起，香不已，衆中早被游人記。　桂火初溫玉酒巵，柳陰殘照柁樓移。一面船窗相並倚，看淥水，當時已露千金意。

可謂盡掃陳言，獨出機杼，而芳豔自成。陳廷焯以爲：「晏、歐所不能，即李後主、牛松卿亦未嘗夢見，眞古今絕構也。」淸初詞人絕少大家，緣自家將詞之風格認錯，以爲非纖穠柔冶不足盡倚聲之妙，此巨謬也。如沈豐垣之蘭思詞，譚復堂曰：「遙駿倚聲柔麗，探源淮海、方回，所謂層臺緩步，高謝風塵，有竟體芳蘭之妙。」然觀其：

玉樓春

早烏啼起銀蟾落，錦帳香寒春意薄。天涯路遠幾曾經？莫怪夢中常是錯！　起來小婢催梳掠，拈著青絲心緒惡。無情鏡子不憐人，暗把紅顏都換卻。

鏡子、釵兒等字終嫌俚率，元曲中有之固宜，花間令詞何曾著一南北曲字眼？此元、明以來詞體之所由卑也，其視靜志居琴趣詞有間矣！

（二）浙派中堅樊榭翁

厲鶚　字太鴻，號樊榭，浙之錢塘人。康熙三十一年（一六九二）生。乾隆舉博學鴻詞，客揚州馬氏藏書家，盡探秘笈。性耽閒靜，愛山水。詩餘擅南宋諸家之勝。乾隆十七年（一七五二）卒。有樊榭山房集，朱彊邨題曰：「南湖隱，心折小長蘆。拈出空中傳恨語，不知探得頷珠無？神悟亦區區。」樊榭詞纖麗芳香，自竹垞後，當為浙派繼起之一大家，可以抗席中仙、夢窗。然世之爭賞其餖飣窳弱之作，故復堂譏為：「微之識碔砆」也。而其樂府補題則別有懷抱矣！陳廷焯以為：幽香冷豔，如萬花谷中，雜以芳蘭，可謂超然獨絕。又以為：詞不可越宋賢範圍，陳、朱非正聲，樊榭為別調，而謂樊榭窈曲幽深為高境，色澤甚饒，而沈厚之味不足。其實色澤饒已傷高境，陳論亦未盡當也。其時詞體未發明清嚴之格，故作者率用脆薄纖冶之習爲工，若生半塘、彊邨後者，樊榭亦必幡然改弦矣！如：

齊天樂 吳山望隔江雪霽。

瘦筇如喚登臨去，江平雪晴風小（按雪字不宜入。）溼粉樓臺，釀寒城闕，不見春紅吹到。微茫越嶠，但半沍雲根，半銷沙草。爲問鷗邊，而今可有晉時櫂？ 清愁幾番自遣，故人稀笑語，相憶多少？寂寂寥寥，朝朝暮暮，吟得梅花俱惱。將花插帽，向第一峯頭，倚空長嘯。忽展斜陽，玉龍天際繞。

復堂評此爲「頓挫跌宕」，然觀其「半沍雲根」以下皆屬纖薄，疊字亦不甚有關頓挫跌宕也。其：

掃花遊 乙巳三月二十三日，客揚州，空齋積雨，孤愁特甚，問人始知是春盡日也。黯然於懷，賦寄尺鳧。

折花汎舸，又夜淺燈孤，綠陰如許！舊遊閒阻。聽簷聲壓酒，醉醒無據。落魄多愁，尚記羅裙雁柱。問南浦，訝楊柳今朝，腰瘦慵舞。行徧深院宇，已負了春來，忍教春去？笑人易誤，似山中枕石，頓念時序。小榼櫻桃，更憶西園勝聚。寄情處，畫當年，滿湖烟雨。

學吳夢窗而得其神味，寫情亦蘊藉，景物停勻，疏密得宜。過片自敘孤寂，收句夌虛之筆傳神，又若：

百字令

月夜過七里瀧，光景奇絕。歌此調幾令衆山皆響。

秋光今夜，向桐江，為寫當年高躅。風霜皆非人世有，自坐船頭吹竹。萬籟生山，一星在水，鶴夢疑重續。拏音遙去，西巖漁父初宿。心憶汐社沉埋，清狂不見，使我形容獨。寂寂冷螢三四點，穿過前灣茅屋。林淨藏烟，峰危限月，帆影搖空綠。隨風飄蕩，白雲還臥深谷。

全詞以寫景爲主，能融情入景，使寫景之句，字字有情，尤爲精警。此作如以靜安之論境，則無我而有我之境也。「寂寂冷螢」以下，尤極清空之致，此其所以爲樊榭乎？

憶舊遊

辛丑九月既望，風日清霽，喚艇自西堰橋，沿秦亭，法華，灣洄以達於河渚。時秋蘆作花，遠近縞目。回望諸峯，蒼然如出積雪之上。庵以「秋雪」名，不虛也。乃假僧榻，偃仰終日，惟聞櫂聲掠波往來，使人絕去世俗營競所在。向晚宿西溪田舍，以長短句紀之。

溯溪流雲去，樹約風來，山剪秋眉。一片尋秋意，是涼花載雪，人在蘆碕。楚天舊愁多少，飄作鬢邊絲。正浦溆蒼茫，涼隨野色，行到禪扉。　忘機，悄無語，坐雁底焚香，蛩外絃詩。又送蕭蕭響，盡平沙霜信，吹上僧衣。憑高一聲彈指，天地入斜暉。已斷隔塵喧，門前弄月漁艇歸。」此學玉田，微得其妥溜。而下闋語多怪異，復堂謂其「思心可到清眞，苦爲玉田所累耳。」小令如：

賣花聲 徐翩翩畫扇，自稱金陵蕩人婦。

花月秣陵秋，十四妝樓，青溪迴抱板橋頭。舊日徐娘無覓處，芳草生愁。　金粉一時休，團扇誰留？殢人只是小銀鉤。句尾可憐書蕩婦，似訴飄流。

此則才氣，骨力皆弱於竹垞翁，詞家體律至此益偷靡極已。凌廷堪云：「嚴蓀友、李秋錦、彭羨門、曹升六、李耕客、陳其年、宋牧仲、丁飛濤、沈南溟、徐電發諸公，率皆雅正，上宗南宋。然風氣初開，音律不無小乖，詞意微帶豪豔，不脫草堂、前明習染。惟朱竹垞氏專以玉田爲楷模，品在衆人之上。至厲太鴻出，而琢句鍊字，含宮咀商，淨洗鉛華，力排俳鄙，淸空絕俗，直欲上摩高、史之壘矣！」又必以律調爲先，詞藻次之，此可知一時所尚。樊榭不及朱，特阿好耳。

吳錫麒，字聖徵，號穀人，錢塘人。乾隆進士，官祭酒。工駢文，其詞工於體物，自云慕竹垞之標韻，緬樊榭之音塵。

望湘人 春陰

慣留寒弄暝，非雨非晴，誤拋多少春色！半帶閒愁，半迷歸夢，黯黯蘼蕪空碧。閣處雲濃，禁餘烟重，欲移無力，最晚來，如雪東闌，一樹梨花明白。　孤負餳簫巷陌，已淸明時過，嬾攜遊屐。只潤偪熏爐，約略故香留得。天涯燕子，問伊來也，可有斜陽信息？聽傍人，半晌呢喃，似怨暮雲簾隙。

此作清和雅正，秀色有餘矣！復堂曰：「祭酒名德清才，矜式後起。詞學樊榭，可云正宗，而骨脆才弱，成就甚小。」白雨齋亦云：「大雅之筆益以才藻，合者可亞於樊榭，微嫌才氣稍遜。」轂人詩與駢文皆未臻高境，皆才氣有未逮耳。

（三）浙派之流變

浙派自陳、朱而後，末流遂成寒乞，時有委靡堆砌，粗獷叫囂之病。迨吳枚菴、郭頻伽起，爲之一變，高朗清疏，而人悅之，如微波詞亦云雋矣！

吳翌鳳　字伊仲，號枚菴，江蘇吳縣人，乾隆七年（一七四二）

生。嘉慶諸生，客遊楚南，老歸築室「歸雲舫」，奉母鈔書其中，嘉慶二十四年（一八一九）卒。有曼香詞，其長調：

瑤華 翠鴛堂桃樹一株，鮮麗可愛。年時載酒作洗花之宴，忽忽不知其樂也。步屧重來，春風非昔，感而成此。

疏花散霧，小雨收鐙，過禁城寒食。尋春歸晚，誰念我？重上吹香巷陌。年芳輕別，早夢斷謝橋春色。但盼到垂柳陰中，一片池塘自碧。　玉笙聲裏殘寒，想燕子歸來，東風猶識。彩雲飛過，斜陽外，閒却紅闌幾尺？苔陰小立，試重問，玉鈿遺跡。算惟有，冷月籠烟，照我夜分吹笛。

此所謂有味、有韻、眞境界，眞氣貫注，自然凝重，以成其名貴也。又：

齊天樂 掃凝垂問近況，書以示之，時丙午三月松陵舟中。

十年不上吹笙路，相看儉遊都老。野徑無華，閒門有燕，愁入故園芳草。燒鐙過了，問隔水人家，冷烟多少？負盡年華，鈿車密約那曾到？　新來吟興漸懶，春衫都試徧，猶是寒峭。破夢燈痕，戀衣香氣，消領舊時懷抱。綠窗深窈，知柳外花邊，幾番殘照？如此谿山，甚時歸去好？

滿庭芳

花氣浮香，鶯聲醉曉，芳隄最是新晴。畫船雙槳，天氣近清明。燕蹴飛花紅雨，東風急，吹過高城。斜陽外。舊遊何處，隔岸喚春餳。　生平消受處，夢餘斜月，醉後華燈。有粉柔香密，細與閒評。十載雅歌都廢，朱樓在，重到須驚。銷魂處，濟烟細雨，贏得暮愁生。

皆極力規撫南宋，滿庭芳尤神似秦七也。大抵枚庵之詞，體製秀雋，而少重大沈鬱，要非斯道之至者。

郭麐　吳江人，字祥伯，號頻伽。乾隆三十二年（一七六七）生。嘉慶貢生，工詩、古文辭，畫竹石有天趣。晚年僑居嘉善。道光十一年（一八三一）卒。有靈芬館集、浮眉樓詞。復堂謂：「頻伽疏俊之品，少年尤喜之。余初事倚聲，頗以頻伽名雋，樂於風詠，既而微窺柔厚之旨，乃覺頻伽之薄。又以詞尚深澀，而頻伽滑矣！」是最知頻伽者，其詞如：

望湘人　用穀人先生韻

漸蕭蕭瑟瑟，冷冷清清，客懷如許凄戀！衰柳翻鴉，枯荷鬧雨，子夜怨歌先變。鏡裏霜寒，燈前人瘦，眉邊山遠。儘哀絃，一曲思歸，飛起十三箏雁。　數盡更更點點，把孤衾斷夢，一宵尋徧，只文鴛繡枕，記得舊時曾薦。酒痕濃潽，淚痕重疊，濕了小蠻鍼線。問何日，纖手親攜，笑勸芳尊須滿？

此寫舊情亹亹，文筆婉麗。但覺「蕭蕭」、「更更」諸疊不似漱玉之自然，失之輕巧。疊字之工，易安而後惟賀雙卿為極致，其鳳凰臺上憶吹簫一闋，用雙字二十餘疊，閃閃搖搖，酸酸楚楚，歡歡喜喜等字重複，情哀詞苦，而無傷直率也。

高陽臺

將反魏塘，疏香女子亦以次日歸吳下，置酒話別，離懷惘惘。

暗水通潮，癡雲閣雨，微陰不散重城。留得枯荷，奈他先作離聲。清歌欲過行雲住，露春纖，並坐調笙。莫多情！第一難忘，席上輕盈。　天涯我是飄零慣，任飛花無定，相送人行。見說蘭舟，明朝也泊長亭。門前記取垂楊樹，只藏他三兩秋鶯。

一程程，愁水愁風，不要人聽。

起首以下皆極似吳文英，結拍又是浙派本色語，此其所以爲清疏乎？

錢枚　字謝盦，仁和人。乾隆二十六年（一七六一）生。嘉慶進士，八年（一八〇三）卒。官吏部，與楊芳燦爲友，相唱和。初工小令，有微波詞，復堂序曰：「微波詞非朱、厲以來所能蓋也。」芳燦亦謂其：「回腸蕩氣，吊夢歌離，爲此辭者，其古之傷心人歟？」其小令：

更漏子

夜寒時，人倦後，閣裏重新溫酒。屏風上，畫成竹，一雙金鳳皇。　拋紅豆，梢羅袖，鎮有閒情消受。何須記？自難忘，多燒心字香。

詞殊婉約，有唐、五代人意，其深穩則一如溫飛卿之「畫屏金鷓鴣」也。又：

蝶戀花 詠藕

一握彎環西子臂，暎玉玲瓏，薄切春冰碎。人在碧闌干畔倚，教儂親手風前遞。　記上蓮舟浮淥水。郎面蓮花，妾意蓮蓬子。誰解纏綿心上事，箇中別有柔絲繫？

詠物詞本不易工，下闋變南朝樂府，寫來天然，不事彫琢，眞化爲繞指柔矣！此等置之曝書亭、樊榭集中，亦不多見。長調如：

百字令

皖城吳茶坪云：前明嘉靖時，吳某家素豪富，所居果園廣營聲伎。有瑣瑣孃者，色藝冠絕一時，旣病夭，主人痛惜之，即葬園中牡丹臺畔。園後歸於茶坪令祖，客有寓園中者，猶於月夜髣髴見瑣瑣步華下，賦此紀異。

百年池館，問舞衫歌扇，飄零何處？只有春愁銷不盡，分付牡丹留住。燕子重來，雕闌已換，寂寞尋黃土。料應紫玉，香魂不化烟縷。　聞道翠袖翩翾，雲鬢倭鬌，時作珊珊步。天上涼蟾明似鏡，仍照舊時眉嫵。絕勝秋孃，釵橫鬢亂，夜唱墳頭雨。一番憑弔，東風搖曳如許！

有好題裁，故能詞采如許悽異，此較竹垞高陽臺之詠吳江葉元禮事，固當過之。下闋「聞道」即以空靈之筆虛寫，「天上」五句迷離惝恍，「東風搖曳如許」又收以虛筆，含不盡之情，耐人尋味矣！

第三編　常州詞派

清代詞學，以浙、常爲兩大宗派。秀水朱竹垞輯詞綜，甄錄唐、五代以迄元季之詞，以醇雅爲歸，汪森序其書云：「西蜀、南唐而後，作者日盛，宣和君臣，轉相矜尙。曲調既多，流派因之亦別，短長互見，言情者或失之俚，使事者或失之伉。鄱陽姜夔出，句琢字鍊，歸於醇雅，於是史達祖，高觀國羽翼之，張輯、吳文英師之於前，趙以夫、蔣捷、周密、陳允平、王沂孫、張炎、張翥效之於後，譬之於樂舞箾至於九變，而詞之能事畢矣！」竹垞詞綜發凡亦云：「詞至南宋始極其工，至宋季而始極其變。」其推崇姜氏以救專力花間、草堂纖靡叫囂之失，久之，弊亦旋生，以姜、張爲止境，而無白石之翫、玉田之潤矣！張皋文於浙派衰敝之時，以風、騷相號召，張翰風序重刻詞選云：「嘉慶二年，余與先兄皋文先生同館歙金氏，金氏諸生好塡詞。先兄以爲詞雖小道，失其傳且數百年，自宋之亡而正聲絕，元之末而規矩隳，窔宧不闢，門戶卒迷。乃與予校錄唐、宋詞四十四家，凡百十六首，爲二卷，以示金生，金生刊之，而歙鄭君善長復錄同人詞九家，爲一卷，附刊於後。版存於歙，同志之乞是刻者踵相接，無以應之，乃校而重刊焉。」觀此則知選本流行嘉慶、道光間，而常州之詞派，殆亦始於此時矣！張氏傳其學於同邑董士錫。吳德旋董士錫傳曰：「君年十六，從舅氏張皋文遊，皋文以文學伏一世，君承其指授，爲古文、賦、詩、詞皆精妙。」士錫又傳其子毅，毅有續詞選一編，翰風序云：「詞選之刻，多有病其太嚴者，擬續選而未果。今夏（道光十年）外孫董毅子遠來署，携有錄本，適愜我心，爰序而刊之，亦先兄之志也。」常州張氏之學，董氏繼之，周止庵又受法于董士錫晉卿而立正變，不特爲常州立正宗，亦爲倚聲家所奉爲圭臬。周之有功詞壇，則尤巨耳。

（一） 張臯文兄弟

張惠言　字臯文，江蘇武進人。乾隆二十六年（一七六一）生。少孤貧，年十四爲童子師。嘉慶四年進士，受知於大學士朱文正公，奏官編修。嘉慶七年（一八〇二）卒，年四十二。少爲詞賦，嘗擬司馬相如、楊雄，及壯，爲古文，力效韓、歐，深研易學。生平修學立行，敦禮自守，嘗言：「文章末也，爲人非表裏純白，豈足爲第一流哉？」輯詞選，爲常州派之開山，有茗柯詞。臯文以詩人比興之義，變風、楚騷之旨，轉而論詞，其言曰：「詞者蓋出于唐之詩人，採樂府之音，以制新律，因繫以詞，故曰『詞』。傳曰：『意內而言外謂之詞。』其緣情造耑，興于微言，以相感動，極命風謠里巷男女哀樂，以道賢人君子幽約怨悱不能自言之情，低徊要眇，以喻其致。蓋詩之比興，變風之義，騷人之歌，則近之矣！然以其文小，其聲哀，放者爲之，或跌蕩靡麗，雜以昌狂俳優，然要其至者，莫不惻隱盱愉，感物而發，觸類條鬯，各有所歸，非苟爲彫琢曼辭而已。」白雨齋謂：「皐文詞選精於竹垞十倍，去取雖不免稍刻，而扶輪大雅，卓乎不可磨滅。古今選本，以此爲最。」皐文所作，亦含咀風、騷：

水調歌頭　春日賦示楊生子掞五首。

春風無一事。妝出萬重花。閑來閱遍花影，惟有月鉤斜。我有江南鐵笛，要倚一枝香雪，吹徹玉城霞。清影渺難即，飛絮滿天涯。　飄然去，吾與汝，泛雲槎。東皇一笑相語：芳意在誰家？難道春花開落，更是春風來去，便了卻韶華。花外春來路，芳草不曾遮。

百年復何許？慷慨一何多！子當爲我擊筑，我爲子高歌。招手海邊鷗鳥，看我胸中雲夢，蔕芥近如何？楚越等閒耳，肝膽有風波。　生平事，天付與，且婆娑。幾人塵外相視，一笑醉顏酡。看到浮雲過了，又恐堂堂歲月，一擲去如梭。勸子且秉燭，爲駐好春過。

踈簾捲春曉，胡蝶忽飛來。游絲飛絮無緒，亂點碧雲釵。腸斷江南春思，黏著天涯殘夢，賸有首重回。銀蒜且深押，疏影任徘徊。　羅帷卷，明月入，似人開。一尊屬月起舞，流影入誰懷？迎得一鉤月到，送得三更月去，鶯燕不相猜，但莫憑欄久，重露溼蒼苔。

今日非昨日，明日復何如？竭來眞悔何事，不讀十年書。爲問東風吹老，幾度楓江蘭徑，千里轉平蕪。寂寞斜陽外，渺渺正愁予！　千古意，君知否？只斯須。名山料理身後，也算古人愚。一夜庭前綠遍，三月雨中紅透，天地入吾廬。容易衆芳歇，莫聽子規呼。

長鑱白木柄，劚破一庭寒。三枝兩枝生綠，位置小窗前。要使花顏四面，和著草心千朶，向我十分妍。何必蘭與菊，生意總欣然。　曉來風，夜來雨，晚來烟。是他釀就春色，又斷送流年。便欲誅茅江上，只恐空林衰草，憔悴不堪憐。歌罷且更酌，與子遶花間。

皋文爲詞家建意內言外之境，此五闋亦間有不合律處（便了却韶華、又斷送流年應作上二下三句），然其洋洋大篇，珠玉滿紙，遂不爲疵。復堂評此詞曰：「胸襟學問，醞釀噴薄而出，賦手文心，開倚聲家未有之境。」白雨齋亦謂其：既沈鬱又疏快，最是高境。而熱腸鬱思，若斷若連，全自風、騷變出也。又如：

木蘭花慢 楊花

儘飄零盡了，何人解當花看？正風避重簾，雨迴深幕，雲護輕幡。尋他一春伴侶，只斷紅相識夕陽間。未忍無聲委地，將低重又飛還。　疏狂情性，算凄涼耐得到春闌。便月地和梅，花天伴雪，合稱清寒。收將十分春恨，做一天愁影繞雲山，看取青青池畔，淚痕點點凝斑。

金應珪爲張氏詞選後序，歷數詞家三弊曰：「近世爲詞，厥有三蔽：義非宋玉而獨賦蓬髮，諫謝淳于而唯陳履舃，揣摩牀笫，污穢中蒂，是謂『淫詞』，其蔽一也。猛起奮末，分言析字，詼嘲則俳優之末流，叫囂則市儈之盛氣，此猶巴人振喉以和陽春，黽蜮怒湓以調疏越，是謂『鄙詞』，其蔽二也。規模物類，依託歌舞，哀樂不衷其性，慮歎無與乎情，連章累篇，義不出乎花鳥，感物指事，理不外乎酬應，雖旣雅而不艷，斯有句而無章，是謂『游詞』，其蔽三也。」皋文楊花擷兩宋之精英，力擯三蔽，獨標一幟而挽狂瀾，宗風可仰。鄭大鶴論詞手簡云：「近世詞家，謹於上去，便自命甚高。入聲字例，發自鄙人，徵諸柳、周、吳、姜四家，冥若契合。乃知詞學之微，等之詩亡，元曲盛行，彌以傖靡，失其舊體。國朝諸家，尟所折衷，良以攻樸學者薄詞爲小道，治古文者又放爲鄭聲。自宋迄今將千年，正聲絕，古節陵，變風小雅之遺，騷人比興之旨，無復起其衰而提倡之者，宜夫朱、厲彫琢爲工，後進馳逐，幾欲奴僕命騷矣！獨皋文能張詞之幽隱，所謂不敢以詩、賦之流，同類而風誦之，其道日昌，其體日尊。」此亦可以知常州詞派之影響同、光末造之詞人，而皋文之有功於詞學，不可沒矣！

張　琦　字翰風，江蘇陽湖人，初名翊，號宛鄰。嘉慶十八年舉人，歷官知縣，所至有治績。工詩、詞、古文、分、隸書，尤精輿地、醫學，詞與兄皋文齊名。道光十三年卒。著有宛鄰文集、立山詞。復堂曰：「翰風與哲兄同撰宛鄰詞選，雖町畦未盡，而奧窔始開。其所自爲，大雅遒逸，振北宋名家之緒。其子仲遠序同聲集有云：『嘉慶以來名家，均從此出。』信非虛語。周止齋益窮正變，潘四農又持異論，要之倚聲之學，由二張而始尊耳。」翰風詞之似清眞者則有：

六醜　見夫容花作

悵秋光漸老，看點點霜花飄足。庾郎正愁，愁來無處著，漫遮籬落。是處秋容好，岸邊深巷，見數枝幽獨。雕梁深護珍珠絡。困倚香雲，斜攲暖玉。相看更燒銀燭，却清尊半醉，前事悵觸。　蘭舟初泊，記雙紅梳掠。坐對名花晚，情莫莫，鐙前細雨蛾綠。但回頭無奈，別離成各。西風緊更催叢萼。料得是一樣心頭滋味，減來還惡。凝處愁，莫倚闌角。看一痕澹月微雲裏，依舊是昨。

回折之筆，沈鬱之思，眞逼近美成矣！又：

摸魚兒

漸黃昏楚魂愁斷，　鵑早又相喚。芳心欲寄天涯路，無奈水遙山遠！春過半，看絲影花痕，肎盡青苔院。好春一片，只付與輕狂，蜂兒蝶子，吹送午塵暗。關山客，漫說歸期易算，知他多少凄怨？不曾眞箇東風妒，已是燕殘鶯嬾。春晼晚，怕花雨朝來，一霎方塘滿，嫣紅誰伴？儘倚偏回闌。暮雲過盡，空有淚如霰。

尤有寄託，所謂「意內言外」，況蕙風釋意爲音，當作「音內言外」均會舉要徐曰：聲成文謂之音，此詞直音內之助聲不出於音，故曰音之內。直言曰言，一字曰言，此詞皆在句之外爲助，故曰言之外。詞訓音內言外，於誼殊優，凡物在內者恆先，在外者恆後，詞必先有調而後以詞塡之，調即音也。亦有自度腔者，先隨意爲長短句，後協以律，然律不外正宮、側商等名，則亦先有而在內者也。凡人聞歌詞，接於耳即知其言，至其調或宮或商，則必審辨而始知是，其在內之徵也。唯其在內而難知，故古云知音者希也。況氏純從樂理、人情以釋聲成文謂之音，以與音內言外之意合，用以解說詞之構成，其論甚允，極爲可采。知此而讀詞，諷誦欣賞宜倍有獲焉。

張氏之甥董士錫之詞如：

江城子　丙寅里中作

寒風相送出層城。曉霜凝，畫輪輕。牆內烏啼，牆外少人行。折盡垂楊千萬縷，留不住，此時情。　紅橋獨上數春星。月華生，水天平。鏡裏芙蓉，應向臉邊明。金雁一雙飛過也！空目斷，遠山青。

風格高朗，讀之使人怡然，又如：

蘭陵王　江行

水聲咽，中夜蘭橈暗發。殘春在，催暖送晴，九十韶光去偏急。垂楊手漫折，難結，輕帆一葉。離亭遠，歸路漸迷，千里滄波楚天濶。　餘寒乍消歇。賸霧鎖花魂，風砭詩骨。茫茫江草連雲濕。悵綠樹鶯老，碧闌蜂瘦，空留檣燕似訴別，向人共愁絕！　重疊，浪堆雪。坐縹緲浮槎，烟外飛越，衡山一寸眉彎月，照枉渚疑鏡，亂峯如髮。扁舟獨自，記舊夢，忍細說？

士錫　字晉卿，著齊物論齋詞，沈子培曰：「齊物論齋詞為臯文正嫡。臯文疏節闊調，猶有曲子律縛不住者。在晉卿則應徽按柱，斂氣循聲，與象風神，悉擧騷雅古懷，納諸令慢。標碧山為詞家四宗之一，此宗超詣，晉卿為無上之乘矣。玉田所謂：『淸空騷雅』者，亦至晉卿而後盡其能事。其與白石不同者，白石有名句可標，晉卿無名句可標，其孤峭在此，不便摹擬在此。」其於晉卿，有出藍之譽矣！

（二）周止庵與詞辨、宋四家詞選

周濟　字保緒，江寧荊溪人，一字介存，晚號止庵。生於乾隆四十六年（一七八一），慶十年進士，官淮安府學教授。少與同郡李中耆、涇縣包愼伯以經世之學相砥礪。通兵法，精擊刺騎射，淮北梟徒爲亂，制府畀以偵緝之任，屢敗擒之。以所得貲購妖姬，養豪客，意氣盛極一時。後復棄去，隱居金陵春水園，潛心著述，畫亦至能品。論史自抒猷畫，不徒拘拘於考據，著晉略八十卷。道光十九年（一八三九）卒。與董晉卿共研詞學，承張氏之緒而益光大之。其詞辨序云：「晉卿雖師二張，所作實出其上，予遂受法晉卿，已而造詣日以異，論說亦互相長短。晉卿初好玉田，余曰：『玉田意盡於言，不足好。』余不喜清眞，而晉卿推其沈著拗怒，比之少陵，牴牾者一年，晉卿益厭玉田，而余遂篤好清眞。既余以少游多庸格，爲淺鈍者所易託；白石疏放，醞釀不深，而晉卿深詆竹山麤鄙，牴牾又一年，予始薄竹山，然終不能好少游也。」學詞契心甘苦如此。又曰：「夫人感物而動，興之所託，未必咸本莊雅，要誦細繹，歸諸中正，辭不害志，人不廢言。雖乖繆庸劣，纖在諷微委瑣，苟可馳喻比類，翼聲究實，吾皆樂取，無苛責焉。後世之樂去詩遠矣！詞最近之，是故入人爲深，感人爲遠，往往流連反復，有平矜釋躁，懲忿窒慾，敦薄寬鄙之功。南唐二主以下，雖駿快馳鶩，豪宕感激，稍稍漓矣！然猶皆委曲以致其情，未有亢厲剽悍之習，抑亦正聲之次也。」周氏選詞，嚴分正變，雖與皋文微有不同，而尊體則一也，皋文崇比興，止庵重寄託。其晚年有宋四家詞選，序論云：「夫詞非寄託不入，專寄託不出，一物一事，引而伸之，觸類多通，驅心若游絲之羂飛英，含豪如郢斤之斲蠅翼，以無厚入有間。既習已，意感偶生，假類畢達，閱載千百，謦欬弗違，斯入矣！賦情獨深，逐境必寤，醞釀日久，冥發妄中，雖鋪叙平淡，摹繢淺近，而萬感橫集，五中無主。讀其篇者，臨淵窺魚，意爲魴鯉，中宵驚電，罔識東西，赤子隨母笑啼，鄉人緣劇喜怒，抑可謂能出矣！」其所謂有寄託者，言有物也，故能表裏相宣，斐然成章。又曰：「既成格調，求無寄託，無寄託則指事類情，仁者見仁，知者見知」，是作者觸緒萬端，一時迸發，勿膠著論之，庶無刻舟求劍之譏也。

止庵介存齋論詞雜著云：「感慨所寄，不過盛衰，或綢繆未雨，或太息厝薪，或己溺己飢，或獨清獨醒，隨其人之性情、學問、境地，莫不有由衷之言。見事多，識理透，可爲後人論世之資，詩有史，詞亦有史，庶乎自樹一幟矣！若乃離別懷思，感士不遇，陳陳相因，唾瀋互拾，便思高揖溫、韋，不亦恥乎？」是言詩亡樂廢之後，文人襟抱含蓄積之既久，下筆爲詞皆屬性情中出，所論人事有益後來，斯不廢之言矣！今之好爲詩而不讀書者，聆止庵之言，可以戒矣！

止庵詞辨（今存二卷）成書於嘉慶十七年，距張氏詞選行世之日不過十餘年。至道光十二年，止庵復有宋四家詞選，與張氏之旨有間，而自樹風聲，其序論於詞多所發明，爲詞學開空前輝煌之一頁。其論四家曰：「清眞，集大成者也；稼軒斂雄心，抗高調，變溫婉，成悲涼；碧山饜心切理，言近指遠，聲容調度，一一可循，夢窗奇思壯采，騰天潛淵，返南宋之淸泚，爲北宋之穠摯，是爲四家，領袖一代，餘子犖犖，以方附庸。」又言：「問途碧山，歷夢窗、稼軒，以還淸眞之渾化，余所望於世之爲詞人者蓋如此。」歷示學者進學之程，規矩昭晰。朱彊邨望江南：「金鍼度，詞辨止庵精。截斷衆流窮正變，一燈樂苑此長明，推演四家評。」蓋深許之也。

止庵四家詞選序論中多推演作法，其言結構章法則曰：「筆以行意也，不行須換筆，換筆不行，便須換意，玉田惟換筆不換意。」又曰：「詞筆不外順、逆、反、正，尤妙在複在脫，複處無垂不縮，故脫處如望海上三山妙發，溫、韋、晏、周、歐、柳，推演盡致，南渡諸公罕復從事矣！換筆換意如畫山水，淡墨鈎勒而有曲折淺深之妙矣！」此古人所不曾言，而止庵舉以示人，最爲切要。其言選聲則曰：「東、眞韻寬平，支、先韻細膩，魚、歌韻纏綿，蕭、尤韻感慨，各具聲響，莫草草亂用。陽聲字多則沈頓，陰聲字多則激昂。重陽間一陰則柔而不靡，重陰間一陽則高而不危，韻上一字最要相發或竟相貼，相其上下而調之，則鏗鏘諧暢矣！上聲韻韻上應用仄字者去爲妙，去、入韻則上爲妙，平聲韻韻上應用仄字者去爲妙，入次之，疊則聱牙，鄰則無力，硬字、軟字宜相間，如水龍吟等俳句尤重。」皆深明音樂之理，開詞學之秘奧，示來學以準繩，誠足以恢宏張氏之學矣！止庵詞小令含渾：

蝶戀花

柳絮年年三月暮。斷送鶯花，十里湖邊路。萬轉千回無落處，
隨儂只恁低低去。　滿眼頹垣攲病樹。縱有餘英，不直封姨妒

。烟裏黃沙遮不住，河流日夜東南注。

慢詞則如：

渡江雲 楊花

春風眞解事，等閒吹徧，無數短長亭。一星星是恨，直送春歸，替了落花聲。憑闌極目，蕩春波萬種春情。應笑人春糧幾許？便要數征程。

冥冥，車輪落日，散綺餘霞，漸都迷幻景。問收向紅窗畫篋，可算飄零？相逢只有浮雲好，奈蓬萊東指，弱水盈盈。休更惜，秋風吹老蒓羹。

復堂評曰：「怨斷之中，豪宕不減。」此詞上闋連用三「春」字，下片亦複雜，意淺故欲求深，筆直自謂能曲，矜持太甚，終屬眼高手低。嘉、道以後詞人誤於止庵詞辨者正坐是病，批評家不必能創作也。劉舍人曰：「方其搦翰，氣倍辭前，暨乎篇成，半折心始。」旨哉言乎！

潘德輿　字彥輔，號四農，江蘇山陽人。道光舉人。有養一齋詞，復堂謂其：「平鈍淺狹，不足登大雅之堂。」四農與葉生書云：「張氏詞選抗志希古，標高揭己，宏音雅調，多被排擯。五代、北宋有自昔傳誦，非徒隻句之警者，張氏亦多恝然置之。竊謂詞濫觴於唐，暢於五代，而意格之閎深曲摯，則莫盛於北宋，詞之有北宋，猶詩之有盛唐，至南宋則稍衰矣！」其與止庵皆皐文之諍友矣！故彊邨題茗柯詞曰：「回瀾力，標舉選家能。自是詞源疏鑿手，橫流一別見淄澠，異議四農生。」亦重視之也。四農標舉北宋，其詞如：

望海潮　中秋無月

闌干醉拍，銀蟾何處？涼雲湧似秋潮。慣聽西窗，無情暗雨，也宜讓出今宵。久客易魂銷。對金盤玉宇，倦眼無聊。何況朦朧，廣寒宮闕隔烟霄。　南天鄉樹迢遙，想一輪端正，光礙璃絲。兒女滿庭，朋儔倚閣，酒邊話我蓬飄。漏轉怯涼飈。歎彩牋慵賦，銀燭愁燒。只好酣眠夢中，歸盪碧溪橈。

則似草窗、玉田。小令詞：

蝶戀花　春暮寄景蘧

百尺高樓春色暮。不捲珠簾，怕惹黏窗絮。只有惜春鶯解語，隨風又入烟中樹。　陌上尋芳羞獨去。碧水紅橋，盡是想思處。吹盡殘花須閉戶，黃昏漸有蕭蕭雨。

自然駘蕩之情，亦似有晏、歐之膚廓也。

(二) 黃景仁等九家

皋文同時，有陽湖黃景仁、錢季重、陸繼輅、左輔、李兆洛、惲敬、武進丁履恆七人，籍隸常州。詞選附錄所載除上七家及張氏兄弟外，又益以歙金應城子彥、金式玉朗甫、鄭掄元善長羽翼張氏，而播宗風，然工力、氣魄，蓋未能悉稱也。景仁有竹眠詞，亦疏於律，如：

醜奴兒慢

日日登樓，一換一番春色。者似卷如流春日，誰道遲遲？一片野風吹艸，艸背白烟飛。頹牆左側，小桃放了，沒箇人知。嫣然一笑，分明記得，三五年時。是何人挑將竹淚，粘上空枝？請試低頭，影兒憔悴，浸春池。此間深處，是伊歸路，莫惹季重有：相思。

六醜　朱藤

正木棉乍試，又砌石紛披花蕚。計春竟留，盡蜂狂蝶惡，亭午風弱。屈指人何在？小庭深處，剩一枝夭灼。燕支滿地餘香足，亂壓銀箏，輕調湘竹。回頭已成依約，聽風風雨雨，春去無脚。南園西閣，玉虎纏金鑰。一十三年久，香漠漠。兎葵燕麥森束。縱有人護惜，也教錯愕。濃陰密半來簾箔。也不是當日勻香暈粉，珍珠絡索。春雲裏細語丁屬。恐飛紅吹到他邊去，惹伊淚落。

此詞支離曼衍，以翌體而門險韻，徒見其駁雜，而復堂謂：「仿寫清眞，唐臨晉帖。」殊不知其何處似清眞耳？

兆洛小令頗似溫，李二主：

菩薩蠻

海棠低護行雲徑，畫樓西畔分明影。不爲見時難，忍扶羅袖看？撩人囘面語，顫裊釵翹舞。花氣泛紅蝶，橫飛出覩蛾。

簾前細裊沈煙紫，隔簾柳絮飄香砌。蛛縷戀殘魂，搖搖更不禁。玉簫吹未徹，垂手還凝立，不覺月痕西，下簾霜滿衣。

左輔　字仲甫，號杏莊，乾隆十六年生。以進士任知縣，治行素著，頗足化民。嘉慶時官湖南巡撫。道光十三年卒，有念宛齋詞，仲甫以所積蓄者深，發爲文章，典重拙大。詞如：

南浦　夜尋琵琶亭

潯陽江上，恰三更霜月共潮生。斷岸高低向我，漁火一星星。何處離聲刮起？撥琵琶千載賸空亭。是江湖倦客。飄零商婦，於此盪精靈。 且自移船相近，繞回闌百折覓愁魂。我是無家張儉，萬里走江城。一例蒼茫弔古，向荻花楓葉又傷心。只琵琶響斷，魚龍寂寞不曾醒。

丁履恆 字若士，一字道久，號東心。嘉慶拔貢，官肥城知縣，有惠績。爲學不分漢、宋，詩文負盛名，尤好經世之學，有思賢閣、寫韻齋諸集。其人品、詞品俱高，朗潤超逸：

滿庭芳 北樓晚望

冥霧沈山，澹烟籠渚，畫出一片秋空。遠林霜葉，絢染十分紅。夢想來時陌上，相將見應誤春工，知何處，水村山郭？澹蕩酒旗風。怱怱又負了，黃花香晚，綠醑梧濃。算難將心事，訴與歸鴻。更向危闌閒倚，蒼波渺目斷孤篷。高城外，宛句雙水，流向夕陽東。

子彥湘春夜月之詠簾，猶有深思，亦尚雅澹。朗甫善長則柔嫚而力弱矣！

第四編

（一）詞律戈載

生民之初，人懷七情，志動於中，歌詠外發。古者里巷謠辭，皆被金石，與生活不相離，故其感通也甚大；漢樂府猶有風雅之遺，六朝沿之，爲五言八句。唐世所傳，若沈香被詔之作，旗亭畫壁之詩，及江南紅豆之曲，大抵可歌者多五七言絕句。唐藝文志經部樂類有崔令欽教坊記一卷，其書羅列曲調之名，自獻天花至同心結，凡三百三十有五，而今詞家所傳小令如南歌子、浪濤沙，長調如蘭陵王、入陣樂，其名皆在焉，以此又知今之詞，即古之曲也，唐志列之樂類，則又知今之詞，古之樂也。

清初詞家至萬紅友樹而研律，其書成於康熙二十六年，當時欽定詞譜未出，考訂遂疏，竟使原文有誤叶、分段乖謬、脫字至二十餘，又幷作者姓名而誤。雖然自茲以降，詞人研心於律，道光中，吳縣戈載繼起倡之，考韻辨律，尤極精審，著翠微雅詞，詞林正韻。戈氏之言曰：「詞學至今日可謂盛矣！然塡詞之大要有二：一曰律，一曰韻。律不協則聲音之道乖，韻不審則宮調之理失，二者並行不悖。韻雖較爲淺近，而實最多舛誤，此無他，持才者不屑拘泥自守，而謭陋之士，往往取前人之稍濫者，利其疏漏，苟且附和，借以自文，其流蕩無節，將何底止？予心竊憂之，因思古無詞韻，古人之詞，即詞韻也，古人用韻非必盡歸畫一，而名手佳篇，不一而足，總以彼此相符，灼然無弊者，即可援爲準的。」又曰：「詞韻分部，必以平領上去者，以詞有平仄互叶之體，平聲有陰陽之別，即以韻目之字言之，如東、江、支、灰則爲陰；微、魚、文、寒則爲陽。陰陽分而淸濁判。張玉田詞源嘗論寄閒集，按之歌譜，聲字皆協，稍有不諧，即爲改正。嘗作惜花春早起云：『鎖窗深。』深字歌之不協，改爲幽字，又不協，再改爲明字乃協，此三字皆平聲，胡爲若是？蓋因五音有唇、齒、喉、舌、鼻，分輕淸、重濁之故，玉田所謂淸濁，即陰陽也。明字爲陽，深、幽爲陰，故歌時不同耳。予謂平聲之陰陽一定之法，士稍習四聲者，即能辨之，況中原音韻已爲分列，爲曲而設，不得不然，若作詞而欲付歌喉，則凡古調皆有古人名作，字字遵而用之，自能合律。」是猶以古人名手佳篇爲要則，詞林正韻示學者塗徑，庶不致茫然失所耳。王半塘鵬運曰：「夫詞爲古樂府歌謠變體，晚唐、北宋間特文人游戲之筆，被之伶倫，實由聲而得韻，南渡後與詩並列，詞之體始尊，詞之眞亦漸失，當其末造，詞已有不能歌者，何論今日？故居今日而言詞韻實與律相輔，蓋陰陽淸濁舍此更無從叶律，是以聲亡而韻始嚴。此則戈氏之著書微恉也」。

順卿論律甚嚴，其詞如：

蘭陵王　和周清眞

畫橋直，明鏡波紋皺碧。輕烟繞，歌榭舞樓，一派迷離黯春色。東風偏故國，吹老，關津怨客。長隄畔，千縷碧條，時見流鶯度金尺。　萍蹤半陳迹。記側帽題襟，香靄瑤席。天涯今又逢寒食。歎携手人遠，倦遊難再，飛花飛絮散舊驛，送潮過江北。　悲惻，亂愁積。對孤館殘燈，無限凄寂。青禽望斷情何極？乍倚枕尋夢，怕聞鄰笛。那堪窗外，更細雨，夜半滴！

清眞：「誰識，京華倦客？」識字爲夾叶例，戈氏自命知律，此字失和，抑亦疏已！周詞妙對句疏宕古峭，此和作全易爲散句，既趨平易，亦欠老成。其：

步月 春夜閒步

梨月籠晴，柳烟搖暝，繡隄夜景淒寂。嫩寒翦翦，逗一絲風力。記携酒，流水畫橋，聽鶯語，翠陰無跡。如今換，徹曉淚鵑，盡情啼急。

蘼蕪芳徑窄，香影夢糢糊。雲暗愁碧，玉簫甚處，正燈飄華席。問知否，門外落紅已零落？鈿車消息，歸來也，蓮漏隔花靜滴。

寫春情淒寂，亦復溫潤縝密。復堂曰：「順卿謹於持律，剖及豪芒。道光間，吳越詞人從其說者，或不免晦澀窳離，情文不副，然實爲聲律諍臣，不可就便安偭而越也。」詞律至半塘、彊邨、大鶴而益嚴謹、細密，極聲華之孅矣！

（二）淒愴憶雲詞

項鴻祚　字蓮生，錢塘人。嘉慶三年（一七九八）生，道光十二年舉於鄉，家世業鹽筴，至蓮生漸落。性湛然耆古，避喧讀於南山僧院。文辭爾雅，詩不多作，善塡詞，手訂詞稿，矜愼多芟削，最後存憶雲詞甲、乙、丙、丁稿行於世。先是家被火室燬，奉母應許文恪之招於京師，途次遇水，母與從子皆道殉，君蒼黃歸，幽憂疾病不自振。既再上春官被放，轗軻久遂卒，時道光十五年（一八三五）。復堂曰：「蓮生，古之傷心人也！盪氣迴腸，一波三折，有白石之幽澀而去其俗，有玉田之秀折而無其率，有夢窗之深細而化其滯，殆欲前無古人。」「以成容若之貴，項蓮生之富，而塡詞皆幽豔哀斷，異曲同工，所謂別有懷抱者也」憶雲詞甲稿自序曰：「生幼有愁癖，故其情豔而苦，其感於物也鬱而深；連峰巉巉，中夜猿嘯，復如清湘戛瑟，魚沉雁起，孤月微明；其窅敻幽淒，則山鬼晨吟，瓊妃暮泣，風鬟雨鬢，相對支離，不無累德之言，抑亦傷心之極致矣！」蓮生亦善述其詞旨，而令人諷誦惆悵也。如：

綺羅香 感舊

簾影迻香，池痕浸淥，重到藏春朱戶。小立牆陰，猶認舊題詩句。記西園、撲蝶歸來，又南浦、片颿初去。料如今，塵滿窗紗，佳期回首碧雲暮。　華年渾似流水，還怕啼鵑催老，亂鶯無主。一樣東風，吹送兩邊愁緒。正畫闌、紅藥飄殘，是前度、玉人憑處。賸空庭、烟草淒迷，黃昏吹暗雨。

黃燮淸謂蓮生古豔哀怨，如不勝情，猿啼斷腸，鵑淚成血。不知其所以然，讀此詞信然矣！其擬吳夢窗亦逼眞，如：

瑞霍仙

漏瓊侵鈿琯。正依依夢別，小坊幽院。熏衣練香輭。掩星蟬組帳，密燈慵翦。翠尊自煗。未相思、柔腸寸斷。恨燕翎、不寄雲牋。十二碧城天遠。　蕙倩，螺心睡髻，鳳眼橫釵，賦情難遣。烏絲滿，詩寫在、舊團扇。算啼鵑枝上，烘愁澹月，曾識秋孃半面。看今宵，兩處凭闌，是誰病慣？

憶雲詞乙稿自序曰：「近日江南諸子，競尙塡詞，辨韻辨律，翕然同聲，幾使姜、張俯首。及觀其著述，往往不逮所言。而弁首之辭，以多爲貴，心竊病之。余性疏慢，不能過自刻繩，但取文從字順而止。削稿既竣，仍自識數語，雅不欲與諸子抗衡，又何敢邀名公鑒賞耶？」其不阿世如此，其詞實寢饋芳馨，鏤心刻意之作。如：

南浦 春水，追和玉田

一片縠紋柔，釣船開，畫出銀塘初曉。華雨颺微瀾，東風靜，鏡裏山眉濃掃。皺紅皺碧，樓臺倒影朱闌小。幾日鴨頭新漲煖，沁溼護隄芳草。最憐賦別江郎，正淥波南浦，銷魂未了。雙槳送桃根，眠鷗認，還是湔裙曾到。相思渺渺，武陵重去僊源悄。柳下輕萍纔數點，昨夜絮飛多少？

鏡裏山眉、樓臺倒影，眞寫到春水瀲灩處。其：

八聲甘州 黃葉樓賦夕陽

界斜紅，颺出晚晴天。相看轉淒然！甚匆匆只是，橫催雁陣，低照鷗眠？樹外山眉襯黛，遠道草芊芊。一段蒼涼意，都付樊川。漢闕秦宮何處？送幾聲畫角，吹老華年。儘歡遊長好，到此黯流連。倚江樓，玉人凝望，帶西風，帆影落窗前。愁無限，近黃昏也，新月籠煙。

「嗟乎，不爲無益之事，何以遣有涯之生？時異境遷，結習不改，霜華腴之賸稿，念奴嬌之過腔，茫茫誰復知者？俛仰生平，百端交集。」此蓮生自傷身世語，即八聲甘州等詞之注脚乎？蓮生丁稿多小令，所謂：綺羅薌澤，以洩其思，辭婉而情傷矣！

臨江仙　擬南唐後主

亂紅窣地春無主，宿寒猶戀屏幃。夢中何日是歸期？玉臺金屋，空逐彩雲飛。煙月不知人事改，夜深來照花枝，蕙鑪香燼漏聲遲。闌珊燈火，殘醉欲醒時。

山花子 擬和凝

醉纈紅綃約翠鈿，碧蘿明月伴秋千。今夜新寒分一半，到郎邊。鸞蠟同心搖翠幌，蜀箏纖手撅朱弦，學囀春鶯渾不似，似啼鵑。

此皆綺靡緣情，可怨可群，誠使人讀罷，淒然以思，黯焉而悲，楚騷庾賦、雍門韓娥之歌，不足以狀其哀矣！

自常州學派推演詞學，作者駸駸兩宋。其不屬於常州而卓然大宗者，如項蓮生、周之琦、許宗衡、何兆瀛，皆以詞名於世。

周之琦　字稚圭，號退庵，河南祥符人。嘉慶十三年進士，由翰林院編修，累官廣西巡撫，以病乞休，同治元年卒。輯有心日齋十六家詞選，自作心日齋詞四種，朱彊村題曰：「舟如葉，著岸是君恩。一夢金粱餘舊月，千年玉笥有歸雲，片席蛻巖分。」（稚圭詞第一集曰金粱夢月詞）其：

思佳客

帊上新題閒舊題，苦無佳句比紅兒。生憐桃萼初開日，那信楊花有定時。　人悄悄，晝遲遲，殷勤好夢託蛛絲。繡幃金鴨熏香坐，說與春寒總不知。

有溫庭筠菩薩蠻諸詞之寄託。黃韻甫曰：「夢月詞渾融深厚，語語藏鋒，北宋瓣香，於斯未墜。」結拍尤覺淸空蘊藉也。

許宗衡　字海秋，江蘇上元人。咸豐進士，官至起居注主事。同治八年卒。有玉井山館詩餘。復堂以爲：「海秋傷心人別有懷抱，胷襟醞釀，非尋常文士，度越少霍通政（王錫振著茂陵秋雨詞），爲近詞一大宗。」其：

霓裳中序第一　秋柳

西風又蕭瑟，一樹棲雅驚落日。舊時門巷寂寂，折來殘客有多少？心事誰識？樓臺影，絲絲如夢，憔悴倚荒碧。　堪惜，十年蹤迹。莫又向，隋隄悽惻，臺城煙景非昔。千古傷心，如此顏色，幾人能遣得？倦眼青青淚濕，關山晚，祇餘短鬢，忍與亂愁織。

急節悲歌，一唱三嘆。

西窗燭　寒月，和靑耜

薊門煙樹，照影蒼涼，啼鴉驚拍風翅。茫茫千里關山白，似雪路冰河，欲歸無地。憶舊游，夢裏簫聲，良夜懽悰如墜。和愁睡。玉宇瓊樓，人間天上，都是尋常事。便教萬古團欒好，恐耐到鷄鳴，也非容易。忍思量，金粟前身？凍合三生淸淚。

讀之令人悽惻，一樣傷心語，海秋筆底則語語尤爲沉痛。過片用東坡中秋水調歌頭詞意。居廟堂之高，則憂其民，此仁人之懷抱，則尤合於風騷之旨矣！

何兆瀛　字通甫，號靑耜，江寧人，禮部尚書汝霖之子。道光擧人，官至兩廣鹽運使，服官持大體，不殖生產，博通典章，以文章詩酒詩自適，有心菴詞，如：

金縷曲 燕

辛苦銜泥燕。儘回翔，朝朝暮暮，雨絲風片。覓得新巢棲息穩，爲爾珠簾常卷。卻換了，一般庭院。故主恩情還記否？記幾番，王謝堂前見。曾舞得，紅襟倦。　炎涼世事尋常變。見說道，寂寥羅雀，翟公門掩。曲曲雕梁泥落盡，紅膩斜陽一線。聽枝上，流鶯低囀。似訴東隣留滯爾，舊同群，輭語含悽怨。秋近矣，莫飛遠。

其沈鬱處似不迨海秋，但此闋之波瀾縈迴，情韻不匱，則又勝海秋之枯率矣！又：

臺城路 過廢寺

修蛇曲折城南路，倚筑還過蕭寺。掃葉門深，種花僧去，冷意野鷗知未？葦花滿地，有頭白人來，相看蕉萃。瑟縮寒雅，似曾相識一枝寄。祇林無限往事，一般興廢感，都付深喟。詩夢煙空，酒人星散，眼底惟餘秋氣。流連荒砌，認芥壁蝸涎，模糊文字。鈴語催歸，夕陽天半墜。

寫荒寒之景，宋玉悲秋，江山搖落，讀之亦使人有異代蕭條之感。復堂以爲：「有南宋平夷之韻，北宋峭折之思。」不爲過也。

（三）　水雲樓詞

水雲樓詞者，蔣鹿潭愛飲水、憶雲二集而自名其詞也。鹿潭號春霖，江陰人。嘉慶二十三年與金和薛時雨同年生，隨父之荊州任，姿禀過人，文酒之會，當筵賦詩，恆驚老輩，號爲乳虎。長不得志於有司，就淮南爲鹽官，但明倫運使擢鹿潭爲富安場大使，又嘗權東臺場，卹竈利，課團丁禦侮，人咸德之。咸豐十年，兵事正急，喬勤恪公松年、金運使安清請鹿潭商事，慷慨指陳利弊，兩公大器重之。此後流浪海濱，歌樓酒肆中，常浮湛跌宕以自適。與人輕直無曲貸，見者或憚之，然咸知其佯狂，不甚以爲駭也。避地東淘，爲杜小舫刻詞書，得其周給，隨手揮罄。晚與黃婉君女士合歸秦州，黃以貧不安於室，鹿潭大忿，走蘇州，謁小舫不以時見，失望泊舟垂虹橋，夜書冤詞，懷之仰藥死。小舫經紀其喪，黃聞之，以死殉。鹿潭詞徬徨沈鬱，嘗自詡曰：「白石儔也。」詞自定本二卷，卒後，于漢卿裒其未刻之詞，釐爲水雲樓詞續一卷（詞學季刊創刊號有軍中九秋詞九首）。復堂曰：「水雲樓詞與成容若、項蓮生，二百年中，分鼎三足……阮亭、葆馚爲才人之詞，宛鄰、止庵爲學人之詞，惟三家是詞人之詞。」又曰：「鹿潭婉約深至，時虛語要，爲第一流矣！」俞陛雲曰：「水雲樓詞爲江東之秀，上幾南宋。」如：

木蘭花慢　江行晚過北固山

泊秦淮雨霽，又鐙火，送歸船。正樹擁雲昏，星垂野闊，暝色浮天。蘆邊，夜潮驟起，暈波心，月影盪江圓。夢醒誰歌楚些？泠泠霜激哀絃。嬋娟，不語對愁眠，往事恨難捐。看莽莽南徐，蒼蒼北固，如此山川！鉤連，更無鐵鎖，任排空檣櫓自回旋。寂寞魚龍睡穩，傷心付與秋煙。

此詞眞杜老哀時，撫景興悲，可以臨風灑淚。李冰叔曰：「君爲詩恢雄骯髒，若東淘雜詩二十首，不減少陵秦州之作。乃易其工力爲長短句，鏤情劖恨，轉豪於銖黍之間，直而緻，沈而姚，曼而不靡。」則有：

虞美人

水晶簾捲澂濃霧，夜靜涼生樹。病來身似瘦梧桐，覺道一枝一葉怕秋風。　銀潢何日銷兵氣？劍指寒星碎。遙憑南斗望京華，忘卻滿身清露在天涯。

復堂評曰：「斜陽煙柳，謝其溫厚。」又：

卜算子

丹嶺鳳皇兒，愛集梧桐樹。百尺宮牆一苑花，只有流鶯度。羞澀畫蛾眉，宛轉邀蓮步，抱得雲和不肯彈，還宿空房去。

貧士失職之悲，而詞語溫厚，無一點怨尤，眞詞中大雅之音矣！

臺城路　易州寄高寄泉

兩年心事西窗雨，闌干背燈敲徧。雪擁驚沙，星寒大野，馬足關河同賤。羈愁數點。問春去秋來，幾多鴻雁？忘卻華顛，昔時顏色夢中見。　青衫鉛淚似洗，斷笳明月裏，涼夜吹怨。古石欹臺，悲風咽筑，酒罷哀歌難遣。飛華亂卷。對萬樹垂楊，故人青眼。霧隱孤城，夕陽山外遠。

豪竹哀絲，一時並奏，憂離悵觸，盡情迸吐。彊村曰：「水雲詞盡人能誦其雋快之句，嘉、道間名家可稱巨擘，宜復翁傾倒賞擊，而有會於冰叔之言也。顧其氣格駿而不純，比之蓮生差近，正惟其才僅足爲詞爾。」如：

換巢鸞鳳

雲湧蓀撓，正薇煙綠悵，夢警龍綃。秋肌涼玉粟，花鬢妥金翹，湘絃冰斷澀歸潮。洞庭野陰，霜驚嬾蛟。蘋颸冷，漸月墮珮珠聲悄。　青鳥，飛縹緲。沙路遠鐙，細竹迷春嘯。濕岸交禽，香蘭文鯉，暗泣蓤紅絲老。誰為天孫塞秋河？翠梭當夜呈雙笑。穿針樓，看疏星，白露橫曉。

險語非詞中所見，況無意識徒自苦耳？此調原于某溪，已足幽澀之致，乃復作此秋墳鬼唱耶？又：

渡江雲

燕臺遊迹阻隔，十年感事懷人，書寄王午橋、李閏生諸友。

春風燕市酒，旗亭賭醉，華壓帽簷香。暗塵隨馬去，笑擲絲鞭，擫笛傍宮牆。流鶯別後，問可曾添種垂楊？但聽得，哀蟬曲破，樹樹總斜陽。　堪傷，秋生淮海，霜冷關河。縱青衫無恙，換了二分明月，一角滄桑。雁書夜寄相思淚，莫更談，天寶淒涼。殘夢醒，長安落葉啼螿。

牆字韻可運用微之詩句，而天寶句斷不可借用，況有上下闋之別乎！縱字不貫，即强解之亦纖夭可厭之音調，天寶句既非賦唐宮故實，乃上下了不相應，正堪怪異。此彊邨所謂「駁而不純」者乎？鹿潭生咸豐兵亂之際，備極顚沛流離之苦，心魂所寄，一一發之於詞。取徑於白石、玉田，而身世之感多所激發，言之有物，託體遂尊，感浙、常二派之長，而極激楚蒼涼之致，故兼有重大，亦自不可及也。朱彊邨題水雲樓詞集後曰：「窮途恨，斫地放歌哀。幾許傷春家國淚，聲家天挺杜陵才，辛苦賊中來。」文道希亦謂：鹿潭有沈深之思，亦足以見重詞林矣！

第五編　末造詞人之勃興

有清二百餘年中，詞學振衰，作者尤多鴻筆，而受常州詞派之影響，不復視爲小道，流風餘韻，不絕如縷。彊邨尤稱老師，精研夢牕，其餘緒不泯，吉光片羽，至今猶珍。嗟乎！古人往矣！飲水思歌。賞心怡然，朱弦三歎，其或搦翰，不求有益，勞者自歌，非求傾聽矣！

（一）　莊棫與譚獻

莊棫　字中白，江蘇丹徒人。治易、春秋。先世業鹺，後家中落，校書淮南江寧，曾文正甚禮遇之，光緒四年卒。有蒿庵遺稿，詞與譚復堂齊名。白雨齋陳氏服膺蒿庵，其言曰：「千古詞宗，溫、韋發其源，周、秦竟其緒，白石、碧山各出機杼，以開來學。嗣是六百餘年，鮮有知者，得茗柯一發其旨，而斯詣不滅，特其識解雖超，尚未能盡窮底蘊，然則復古之功，興於茗柯，必也成於蒿庵乎？」又曰：「蒿庵非獨一代之冠，實能超越三唐、兩宋，與風、騷、漢樂府相表裏，自有詞人以來罕見其匹。而究其得力處，則發源於國風，小雅，胎息於淮海、大晟，而寢饋於碧山也。」蒿庵之論詞曰：「夫義可相附，義則不深；喻可專指，喻即不廣。託志帷房，睠懷君國，溫、韋以下，有迹可尋。然而自宋及今幾九百歲，少游、美成而外，合者鮮矣！又或用意太深，辭爲義掩，雖多比興之旨，未發縹緲之音。近世作者，竹垞擷其華而未芟其蕪，茗柯泝其源而未竟其委。」以爲自古詞章，非比興莫屬也。蒿庵詞長調之佳者，如：

鳳凰臺上憶吹簫

瓜渚煙消，蕪城月冷，何年重與清游？對妝臺明鏡，欲說還羞。多少東風過了，雲縹緲何處勾留？都非舊，君還記否？吹夢西洲。 悠悠，芳辰轉眼，誰料到而今，盡日樓頭。念渡江人遠，儂更添憂。天際音書久斷，還望斷，天際歸舟。春回也！怎能教人，忘了閒愁？

變化風、騷，而出之以清空之筆，而無輕儇滑易之弊，此其所以為溫厚和平也。又：

高陽臺

丙子清明，題郭湘渠上河圖一角畫扇，弔古愴今，憂生念亂，不自知其咄唶也

飄拂微風，芊眠嬌柳，上河時候清明。扇底搖春，誰人一角重臨？鑾輿猶記揚州駐，比趙家圖畫難尋。久消沈，夢華舊錄，

且說東京。才人何事倚門戶？數弁州舊恨，直到而今。倦客相看，此時別自傷心。金戈鐵馬經過眼，記百年河外霓旌。付閒情，渡頭艇子，打槳來迎。

懷古俯仰興悲，鬱積者久，故發而詞氣酣足，如不可遏，復堂曰：「碧山、白雲之調，屈原、宋玉之心，興寄百端，望古遙集，止庵所謂能出者也。余錄篋中詞，終以中白，非徒齊名之標榜，同聲之喁于，亦以比興柔厚之旨，相贈處者二十年。鄦序其詞有曰：閨中之思，靈均之遺，則動於哀愉而不能已。中白當曰：非我佳人莫之能解也。」蒿庵天涯躑躅，蕉萃行吟，不自知其同於騷辨，亦可傷已！小令如：

菩薩蠻

曈曨紅日纔當午，一鉤新月天邊吐。相去幾多時？參差形影隨。深宵朱戶裏，環珮聲徐起，儻許共徘徊，羅帷可暫開。六銖衣薄迷香霧，畫屏曲曲山無數。生小愛新妝，輸人眉黛長。夢回深院靜，月過秋千影。宮裏醉西施，烏啼臺上時。

溫厚婉約之語，尤是詩人之旨，哀而不傷。而人但愛其蝶戀花四首何也？彊邨題莊、譚二集曰：「皋文說，沆瀣得莊、譚。感遇霜飛憐鏡子，會心衣潤費爐煙，妙不著言詮。」亦謂其上追三唐，得味外之味也。然兩人者，皆常州之美者也。

譚獻　字仲修，號復堂，浙江仁和人。道光十二年生。同治六年舉人，歷歙縣、全椒、合肥知縣。旋歸隱，以著述爲事，工駢儷文，於詞尤致力，選清人詞爲篋中詞，甚精審，著復堂類稿、復堂詞

○白雨齋詞話：「復堂詞品骨甚高，源委悉達，其胸中、眼中，下筆時匪獨不屑爲陳、朱，儘有不甘爲夢窗、玉田處，所傳雖不多，自是高境。余嘗謂近時詞人，莊中白尙矣，蔑以加矣！次則譚仲修，鹿潭雖工詞，尙未升風、騷之堂也」。又云，「仲修小詞絕精，長調稍遜，蓋於碧山深處，尙少一番涵詠功也。」復堂詞疏勁能使氣，淒戾善用意，正以取境清空，故造遣自適，視夫祖述朱、厲，矜爲浙派者，有淄、澠之別。但有時氣失之橫，意病其悴，微傷直致，無復深華耳，小令之深蘊者則有：

采桑子

闌干一夜霜華重，夢墮寒煙。鬢老秋蟬，菡萏香殘似去年。

朱顏總被尋常誤，箏柱慵拈。簾幕依然，碧樹當樓更可憐。

蝶戀花

梔子花殘蝴蝶瘦。鏡裏晨昏，總是愁時候。夢到江南人在否？斷魂付與青青柳。　過盡春風三月後。門外斜陽，馬上休回首。私語難忘今日酒，玉闌干畔携雙袖。

此清空之語，含無限之深情，當勝過「庭院深深人悄悄」數闋也。善學花間者則如：

河傳

樓畔，輕喚，鬢低垂。欲語含羞，語遲，送郎出門郎馬嘶。相思，夢回儂未知。　難倩征鴻傳我意，情似水，空灑無名淚。畫鴛鴦，更漏長，妝殘，君眠何處床？

極似溫庭筠「江畔，相喚」諸闋，皆源於樂府淸商曲辭也。其長調：

憶舊遊　九月八日紅豆詞人自禾中來踐登高約。越日大風雨，不得出，微吟寫怨，遂成此解。憶二十年前，與魏滋、伯文、楊徊士重九唱和，有壽樓春詞，回頭影事，已墮秋煙，兼道山陽之感矣！

正瀟瀟風雨，漠漠城闉，如此重陽！付了尋秋約，怕登山臨水，楚怨微茫。廿年舊游蹤跡，分付與衰楊。算省識當時，六朝裙屐，九日壺觴。　秋涼，綺懷減，想似水僧寮，潤到衣裳。各有看花淚，黯青袍顏色，冷落餘香。一任晝陰陰地，愁雁語昏黃。待洗出秋容，明湖瀲冶西子妝。

此復翁晚年之作，如此清空，始不質實。惟煞句第四字宜入聲（擬易以絕字），則未免於律稍疏矣！復堂登安慶大觀亭，同陽湖趙敬甫、江夏鄭贊侯賦：

渡江雲

大江流日夜，空亭浪卷，千里起悲心。問華華不語，幾處輕寒，恁處好登臨？春旛顚裊，憐舊時人面難尋。渾不似故山顏色，鶯燕共沈吟。　銷沈，六朝裙屐，百戰旌旗，付漁樵高枕。何處有藏雅細柳，繫馬平林？釣磯我亦垂綸手，看斷雲飛過荒潯。天未暮，簾前只是陰陰。

此詞發端極好，坷雪詞金陵懷古與此正同。結拍「天未暮」尤有寄託。余乙酉歲暮在皖城亦登此亭，荒江急景，蘆葦生寒。曾幾何時。遷流海隅，讀此憶故山顏色，但有三復「鶯燕共沈吟」耳！復堂有刻意清眞處，如：

西河　用周美成金陵詞韻，題甘劍侯江上春歸圖。

江上地，長亭草樹猶記。夢回故國渺鄉心，斷鴻喚起。萬方一概聽笳聲，煙波來去無際，　耿長劍，何處倚？楊枝渡口船繫。烏衣巷畔、有春風，晚蘆故壘。倒吹淚點上征衣，知佗江水淮水。　女牆夜月過小市，晚飛蓬、歸來千里。往事幾回塵世，只龍蟠虎踞山形依舊，還枕滔滔寒流裏。

「倒吹淚點上征衣，知他江水淮水。」眞傷心之極，江水應爲嗚咽。「山形依舊」舊字依元鈔本美成詞，是句有夾叶韻爲對字。夢窗作亦墨守是律，此如易「愁對」二字，仍美成韻，恰合詞意，但不得與古人印證舊格矣！復堂有用世之志，然屈於百里，而世態日陵夷，中心常汲汲如不能已，故恒以懷古感傷之詞，聊發胸臆而已。

（二）同光詞人

王鵬運　字幼遐，自號半塘老人，晚號半塘僧鶩，廣西臨桂人，原籍山陰。道光二十八年生。同治舉人（九年），官內閣中書，監察御史，禮部給事中。庚子八國聯軍之亂，與朱祖謀、劉福姚共集宣武門外教場頭條胡同寓宅，所謂「四印齋」者，相約爲詞，成庚子秋詞二卷。又自庚子十二月訖辛丑三月，與彊邨、大鶴、張仲炘等倡和，成春蟄吟，皆感時撫事，幽憂危苦之作也。半塘伉直敢言，爲當道側目。及庚子和議成，時事日非，乞假出都，往朱仙鎮，至金陵，旋過海上，遊蘇州，與朱、鄭酬答，尋寓揚州，主辦儀董學堂。況周頤以甲辰四月過江訪之，方擬返山陰上冢，値端方督兩江，約於吳門相見，夜宴八旗會館，單衣不勝風露，翌晨遂病，卒於兩廣會館，時光緒三十年六月，年五十六。半塘塡詞始於官內閣時，其詞集有乙稿曰：「袖墨」「蟲秋」，丙稿曰「味梨」，丁稿曰「鶩翁」，戊稿曰「蜩知」，己稿曰「校夢龕」，庚稿曰「庚子秋詞」「春蟄吟」，辛稿曰「南潛集」，晚年删定曰「半塘定稿」二卷、賸稿一卷。半塘論詞尙體格，揭櫫之宗旨曰：「重拙大」。彊邨序半塘定稿曰：「君詞導源碧山，復歷稼軒、夢窗，以還淸眞之渾化，與周止庵氏說契若鍼芥。」又曰：「天性和易而多憂戚，故鬱伊不聊之慨，一於詞陶寫之。」半塘嘗爲半塘僧鶩自序曰：「半塘僧鶩者，半塘老人也，老人今老矣！其自稱老人時，年實始壯，或問之，老人泫然以泣，作而曰：『禮不云乎？父母在，恆言不稱老。某不孝，幼而失怙，今且失恃矣！稱老所以志吾痛也。』『然則半塘者何？』曰：『是吾父、吾母體魄之所藏也，吾縱不能依以終老，其敢一日忘之哉？』由於朋輩無少長皆以『老人』呼之，而不名，悲其志也。老人仕於朝數十年，所如輒不合；嘗娶矣，壯而喪其偶，生子又不育；嘗讀書應舉子試矣，而世所尊貴如進士者，卒不可得。家人以老人之鬱鬱於前，冀其或取償於後也，召瞽之工於術者，以老人生年干支使推之，瞽猝然曰：『是半僧人命也！』老人聞之則大慊，乃自號曰『半僧』。老人之爲言官也，嘗妄有所論列，其事爲人所不易言，老人之友，有爲老人危者，上疏之前夕，爲老人占之，得刻鵲類鶩之繇，疏上幾得奇禍，乃復自號『鶩翁』，曰：『吾以儆夫卜而自匿其草者。』於是三名者嘗隨所適以自名焉。既而，其友以疑罪死於法，老人傷之曰：『吾哀吾友，吾忍忘吾鶩耶？』遂撮三者自名爲『半塘僧鶩』云。嗟乎！半塘者，老人之墓田丙舍也，曩以仕於朝，不得歸，今投劾去矣！又貧不能歸，老人又以出世之志，牽於身世不得遂，求得四方貝葉之書，乃哆口瞠目不能讀，讀亦不能解。惟所謂鶩者，其鳴無聲，其飛不能高以遠，日浮沈於鷗鷺之間，而默以自容，或庶幾焉。是老人之名副其實者，僅三之一耳。然則老人之遇亦可知矣！」此一自序誠不啻半塘之自傳，讀之可以知其人之懷抱矣！半塘早年詞由碧山、白石入手。甲午之後，國勢陵夷，與文廷式唱酬，廷式磊落權奇之士，所作多激壯之音，故半塘此時趨步稼軒，如：

念奴嬌　登暘臺上絶頂望明陵

登臨縱目，對川原繡錯，如接襟袖。指點十三陵樹影，天壽低迷如阜。一霎滄桑，四山風雨，王氣銷沈久！濤生金粟，老松疑作龍吼。　惟有沙草微茫，白狼終古，滾滾邊牆走。野老也知人世換，尚說山靈呵守。平楚蒼涼，亂雲合沓，欲酹無多酒。出山回望，夕陽猶戀高岫。

丙申以後，漸由稼軒，夢窗而追清眞，蜩知集中次清眞均者凡十四闋，此蓋受彊邨、大鶴之影響。半塘跋夢窗詞曰：「空靈奇幻之筆，運沈博絕麗之才，幾如韓文杜詩、無一字無來歷。」大鶴平生服膺清眞，戊戌入都，與半塘唱酬，其切磋可知，其：

掃地花 用美成韻，同夢湘叔由作

信風乍歇，又萬綠迷煙，暮鵑聲楚。斷雲颼縷，惹游絲暗逐，落紅低舞。靜掩閑門，短夢頻驚夜雨。送愁去，曲曲畫屏，猶是愁處。　芳意誰更許？悵濺淚酬花，餞春無路。玉尊翠俎，問何人省識，酒邊情素？柳外斜陽，倚到危闌最苦。漫延佇，聽重城鬧晴簫鼓。

鷓鴣天 登元墓還元閣，用叔問「重泊光福里」韻。

雲意陰晴覆寺橋，秋聲瑟瑟徑蕭蕭。五湖新約尊前訂，十月輕寒畫裏銷。憑翠檻，數煙橈，一樓人外萬峯高。青山閱盡興亡感，付與秋風話市朝。

半塘有功詞壇，尤在校刊詞集，況周頤、朱彊邨助之，影刻成四印齋所刻詞，共二十五種。彊邨詞學亦受半塘引導，厥功偉矣！況氏有半塘老人傳，彊邨題半塘定稿曰：「香一瓣，長爲半塘翁。得象每兼花外永（半塘丙戌至己丑四年作品多浸淫王沂孫花外集），起孱差較茗柯雄，嶺表此宗風。」亦見其傾倒矣！

文廷式　字道希，號芸閣，江西萍鄉人。咸豐六年生。光緒庚寅進士，授編修，擢侍讀學士。以盛名抗直，爲忌者所中，罷官。戊戌東渡，爲彼邦學人內藤虎所推重。返國後益潦倒，三十年甲辰卒於萍鄉，年四十九（與半塘同一年卒）廷式精史學，慷慨有大志，有純常子枝語、雲起軒詞。其詞在浙、常二派之外，獨樹一幟，新建胡步曾曰：「雲起軒詞意氣飈發，筆力橫恣，誠可上擬蘇、辛，俯視龍洲。其令詞穠麗婉約，則又直入花間之室，蓋其風骨遒上，並世罕覯。」其長調：

邁陂塘 惜春

任鵑啼苦催春去，春城依舊如畫。年年芳草橫門路，換卻王孫驕馬。愁思乍，甚絮亂絲繁，又過寒食也！殘陽易下，好飛盞西園，玉觴滿引，秉燭共游夜。　瓊樓迥，孤負緘詞錦帕，銅仙鉛淚休瀉。落紅可及庭陰綠？付與流鶯清話。歌舞罷，便熨體春衫，今日從棄捨。雕鞍暫卸。縱行徧天涯，夢魂慣處，猶戀舊亭榭。

芸閣感德宗知遇之恩，雖遭貶斥，遠適異國，未能忘懷。其庚子七月至九月感作詩有：「無分麻鞋迎道左，收京猶望李西平。」之句，此詞殆同一時間作也。王伯沆曰：「精粹之作，後片尤深婉。讀此覺北宋稍率，南宋稍弱矣！」葉遐庵亦謂：「迴腸盪氣，忠愛纏綿。」又：

賀新郎

別擬西洲曲，有佳人高樓窈窕，靚妝幽獨。樓上春雲千萬疊，樓底春波如縠。梳洗罷卷簾游目。采采芙蓉愁日暮，又天涯芳草江南綠。看對對，文鴛浴。　侍兒料理羃腰幅，道帶圍近日寬盡，眉峯長蹙。欲解明璫聊寄遠，將解又還重束。須不羨陳嬌金屋。一霎長門辭翠輦，怨君王已失苕華玉。爲此意，更躑躅。

此斥葉赫那拉后，而「已失荅華玉」，傷珍、瑾二妃事也。其逼近稼軒者又如：

祝英台近

翦鮫綃，傳燕語，碧黯黯雲暮。愁望春歸，春到更無緒。園林紅紫千千，放教狼藉，休但怨連番風雨。　謝橋路，十載重約鈿車，驚心舊遊誤。玉珮塵生，此恨奈何許！倚樓極目天涯，天涯盡處，算祇有濛濛飛絮。

兀傲豪放，而出語哀怨蒼涼。「愁望春歸」「連番風雨」數句，怨已深矣！入後尤爲託諷，身世之感、家國之痛，憔悴自傷，不勝悽抑。其近花間則有：

河傳

宵靜，燈燼，月臨窗。瓜架啼螿，送涼，怨君憶君清漏長。羅裳，近來銷舊香。　錦字書成情脈脈，親手織，要勝春冰色。繭多絲，柳多枝，罘罳，曉風千里吹。

王伯沆曰：「此詞態濃意遠，直造溫、韋之室。」又：

巫山一段雲

繫肘香囊在，同心綵勝遙。東風吹滿綠楊橋，離魂一度銷。記得星眸寶靨，醉裏花枝微顫。明燈迴照下幃羞，隨郎不自由。

十分艷語，下片以回憶之筆述之。「隨郎」五字，逗人尋味，別是一種柔婉之態，惟片玉集中偶然有之耳。

鄭文焯　字小坡，一字叔問，晚號大鶴山人、鶴道人、大鶴尊者、冷紅詞客。隸籍奉天鐵嶺，詭託康成之後，自稱高密鄭氏。咸豐六年生。父官陝西巡撫，兄弟十人，叔問獨被服儒雅。光緒乙亥舉人，官內閣中書，旅食蘇州近四十年，中恒落落，晚喜吳中湖山風月之勝，築別墅孝義坊，所謂「古吳小城」者，賦詞張之。叔問精音律，深明管絃聲數之異同，上以考古燕樂之舊譜，姜白石自製曲，其字旁所記音拍，皆以意通之。工書善畫，辛亥後益窮窘潦倒，樵風別墅所藏，一夕散盡，既以鬻畫爲生，又病嬾不多作，流傳除小幅外，大抵皆贋筆也。民國七年卒，年六十三，葬鄧尉。詞集曰「瘦碧」、「冷紅」、「比竹餘音」、「苕雅餘集」，後刪存爲「樵風樂府」九卷。叔問之兄文焺曰：「從弟小坡，少工側豔，而不盡協律。南游十年，學琴於江夏李復翁，討論古音，乃大悟『四上競氣』之指，於樂記多所發明。故其爲詞，聲出金石，極命風謠，感興微言，深美閎約，如楊守齋所譏『轉摺怪異，成不祥之音』者，庶幾免與。」是叔問之考校宮調樂律，知詞律之不僅拘守陰陽平仄而已，實具卓識。其自作亦謹嚴，製一題下一字，亦不率意。葉恭綽曰：「叔問沈酣百家，擷芳漱潤，一寓於詞，故格調獨高，聲采超異，卓然爲一代作家。讀者知人論世，方益見其詞之工。」叔問詞中年致力白石，晚涉夢窗，直追淸眞，手校夢窗詞題曰：「君特爲詞，用雋上之才，別構一格。拈韻習取古譜，舉典務出奇麗，如唐賢詩家之李賀，文流之孫樵，鎚幽鑿險，開逕自行。」又手批東坡樂府卷二水龍吟詞曰：「讀東坡先生詞，於氣韻格律，并有悟到空靈妙境，匪可以詞家目之，亦不得不目爲詞家 世每謂其以詩入詞，豈知言哉？」此亦與半塘、彊邨同一詞境也，其近白石者，如

揚州慢　九月游廣陵平山堂曲宴，即席和白石均。

十里春風，二分明月，杜郎舊熟游程，甚江湖病眼，爲路柳偏青。正哀吹連天送晚，故人重見，尊酒談兵。悵煙堤雅點，殘陽空下臺城。後庭玉樹，奈歌前重聽堪驚，歎木落淮南，留人幾處，叢桂多情。我亦過江詞客，山堂在倦賦秋聲。念天涯歸夢，明年芳草還生。

此甲午以後之作，哀時詞客，但有悲傷，辛亥以後，更哀以思矣！如：

水龍吟　人日尋梅與小城有懷關隴舊遊。

故宮何處斜陽，只今一片銷魂土。蒼黃望斷，虛巖靈氣，亂雲寒樹。對此茫茫，何曾西子，能傾一顧。但水漂花出，無人見也，回闌繞，空懷古。別有傷心高處，折梅枝，怨春無主。隴頭人在，定悲搖落，驛塵猶阻。報答東風，待催羌笛，關山飛度。甚西汀舊月，夜深還過，爲余淸苦。

叔問論詞之擧典云：「詞中擧典至難，其妙處欲理隱而文貴，志微而辭顯。若朱、厲雖積滿紙，便是撮囊。」又嘗自評其詞，如：

念奴嬌 甲辰仲夏，半塘老人過江訪舊，重會吳皋，感遇成歌，以致言歎不足之意。

小山叢桂，問淹留何意？空歌招隱。自見淮南佳客散，雞犬都霑仙分。碧海三塵，白雲孤抱，不羨靈飛景。仙才誰惜？世間空舐丹鼎。我亦大鶴天邊，數峯危歗，一覺松風枕。三十六鷗盟未遠，獨立滄江秋影。詞賦哀時，湖山送老，吟望吳楓冷。梅根重醉，舊在淸事能領。

批曰：「老友宋芸子誦此解，淒唳低徊，至『滄波秋影』之句，甚爲余感喟不置。至『冷』字韻，不覺泣然涕之何從也。吾知鶩翁見之，又作何棖觸之態，賞音良難，而歌者亦太苦矣！」又：

蝶戀花　擬馮延巳

春雨晚來過一陣，送了淸明，有限花番信。又是傷春天氣近，陰晴半日都難定。　見說好春新値閏。如夢如醒，依舊年時病。人事音書誰與問？遊絲舞絮空添恨。

批曰：「此詞昨夜口占，聲文諧會，屬引淒異，頗似陽春，三復爲之泣然。字字皆言之有物，可以自注，卻不須注，轉深美也。」復堂曰：「瘦碧詞持論甚高，摛藻綺密，近時作手？頗難其匹。」吳瞿庵曰：晚近詞人之福，詞筆之清，未有如叔問者。叔問家世蘭錡，累葉通顯，叔問獨困名塲，故能放歌於東南山水間，不復與傖兒爭道傍苦李，此寧非福耶？此彊邨所謂：避客過江成旅逸，哀時無地費仙才，天放一閒來也。

況周頤　原名周儀，字夔笙，號玉楳詞人，晚號蕙風詞隱，廣西臨桂人，原籍湖南寶慶。咸豐九年生。以優貢生中式光緒五年鄉試，官內閣中書。幼嗜倚聲，戊子入都，與半塘共晨夕，自是得窺門徑，南歸入端方幕，晚年流寓海上，與彊邨以詞相切𠫥，民國十五年年六十卒，葬湖州道塲山。詞集九種，後刪定爲蕙風詞一卷，所著蕙風詞話，彊邨先生以爲千年來之絕作。王靜安曰：「蕙風詞小令似叔原，長調亦在淸眞、梅溪間，而沈痛過之。彊邨雖富麗精工，猶遜其眞摯也。」蕙風自序其詞餐櫻曰：「少作多性靈語，而尖豔之譏在所不免，己丑，薄遊京師，與半塘共晨夕，多所規誡，所謂『重拙大』，所謂『自然從追琢中出』，積心領神會之，而格體爲之一變。壬子以還，避地海上，與漚尹以詞相切磋。尹守律綦嚴，余亦恍然嚮者之失，齗齗不敢自放。」蕙風幼工側豔，其後受半塘、彊邨之影響。蕙風之論（詞學講義）曰：「詞於各體文字中，號稱末技，但學而至於成，亦至不易原注：不成何必學？。必須有天分、有學力、有性情、有襟抱，始可與言詞。天分稍次，學而能之者也，及其能之一也，古今詞學名輩，非必皆絕頂聰明也。其大要曰雅、曰厚、曰重拙大。厚與雅相因而成者也，薄則俗矣！輕者重之反，巧者拙之反，纖者大之反，當知所戒矣！性情與襟抱，非外鑠我，我固有之。則夫詞者，君子爲己之學也。」其言詞約而微，而理在是矣！其論讀詞之法曰：「讀詞之法，取前人名句，意境絕佳者，將此意境締構於吾想望中，然後澄思渺慮，以吾身入乎其中，而涵泳玩索之。吾性靈與相浹而俱化，乃眞實爲吾有，而外物不能奪。」斯言眞入學之塗，至精義也。蕙風令詞悽豔，如：

減字浣溪沙

重到長安景不殊，傷心料理舊琴書，自然傷感強歡愉。十二迴闌凭欲遍，海棠渾似故人姝，海棠知我斷腸無？

又 綠葉成陰，苦憶閶門楊柳

玦絕環連兩不勝，幾生修得到無情？最難消遣是今生。蝶夢戀花兼戀葉，燕泥黏絮不黏萍，十年前事忍伶俜？

「最難消遣是今生」，忍寒以爲擬之張孟晉：「高樓明月淸歌夜，知是人生第幾回？」才人之筆，令人惘惘。其婉約似北宋者，則有：

蝶戀花

柳外輕寒花外雨。斷送春歸，直恁無憑據。幾片飛花猶繞樹，萍根不見春前絮。往事畫梁雙燕語。紫紫紅紅，辛苦和春住。夢裏屏山芳草路，夢回惆悵無尋處。

集中最佳之作，當爲：

蘇武慢 寒夜聞角

愁入雲遙，寒禁霜重，紅燭淚深人倦。情高轉抑，思往難回，淒咽不成清變。風際斷時，迢遞天涯，但聞更點。枉教人回首，少年絲竹，玉容歌管。憑作出百緒淒涼，淒涼惟有，花冷月閒庭院。珠簾繡幕，可有人聽？聽也可曾腸斷？除卻塞鴻，遮莫城烏，替人驚慣。料南枝明月，應減紅香一半。

王靜安以爲：「境似清眞。」「珠簾繡幕」以下尤爲幽怨。蕙風居海上，與彊邨聽歌所賦多纏綿悱惻，融家國身世於旖旎溫馨之筆，最傳誦者有：

浣溪沙五首　聽歌有感

解道傷心片玉詞，此歌能有幾人知？歌塵如霧一顰眉。　碧海青天奔月後，良辰美景葬花時，誤人畢竟是芳姿。

惜起殘紅泪滿衣，它生莫作有情癡。人天無地著相思。　花若再開非故樹，雲能暫駐亦哀絲，不成消遣只成悲。

蜂蝶無情劃地飛，楊花薄倖不成歸，落紅身世底矜持。　便似青山埋玉骨，願爲香霧護瓊枝，根根歌管夜何其？
儂亦三生杜牧之，多情何事誤芳期？最傷春處送秋時。　少日聽斷芳草路，東風鶯囀上林枝，而今眞箇隔天涯。
帶月霑霜信馬歸，曉來添得鬢邊絲，綺窗重按玉梅詞。　紫陌銅駝勞悵望。，黃河羌笛費淒其，閒愁萬一阿儂知。

其自定詞集蕙風詞又有浣溪沙八首，其弟子趙叔雍箋之，以爲晚近詞林之冠，要其細膩熨貼，典麗風華，不及彊邨之闊大耳。

朱孝臧　一名祖謀，字古微，號漚尹，又號彊邨、上彊邨民（世居浙江歸安之埭溪渚上彊山麓），歸安人。咸豐七年生。光緒癸未進士，授編修，擢侍講學士、禮部侍郎。庚子亂作，抗疏極諫，左右權倖爭嫉之，竟得免禍，以此風節稱於天下。甲辰出爲廣東學政，不合，尋罷去。廻翔江海之間，攬名勝、結儒彥自遣。彊邨始以詩名，蹊徑近涪翁，及官京師，交半塘相切磋，勤探孤造，抗古邁絕，遂爲海內宗匠。晚居海濱，身世所遭，與屈子澤畔行吟爲類。其詞幽憂怨悱，沈抑緜邈，莫可端倪。太史遷釋離騷，明其稱文小而其指極大，擧類邇而見義遠，其志潔故其稱物芳。固有曠百世與之冥合者，非可僞爲也（陳三立朱公墓志銘）。王靜安曰：「近人詞如復堂詞之深婉，彊邨詞之隱秀，皆在半塘老人上。彊邨學夢窗，而情味較夢窗反勝，蓋有臨川、廬陵之高華，而濟之以白石之疏越者。」彊邨詞實得力於夢窗、東坡，取東坡以疏其氣，殊未見其近白石也。彊邨中歲以後始塡詞，而格調高簡。半塘老人以爲六百年來學夢窗得髓者，古微一人而已，其推服可云至矣！彊邨嘗校刻唐、宋、金、元詞百六十餘家，爲彊邨叢書。輯湖州詞徵二十四卷、國朝湖州詞徵六卷、滄海遺音集、詞莂諸書，皆爲詞學寶典，學者宗之。彊邨詞學由半塘導示，晚年益契合，兩人詞稿，交相校訂，半塘有書寄彊邨論定，浹月而半塘客死蘇州，惟彊邨老健，民國二十年卒於上海，年七十五。彊邨劬學而享高年，集清季詞學之大成，其沾溉後人，功尤偉矣！彊邨早歲之作，如：

聲聲慢　辛丑十一月十九日，味聃賦「落葉詞」見示，感和。

鳴螿頹砌，吹蝶空枝，飄蓬人意相憐。一片離魂，斜陽搖夢成煙。香溝舊題紅處，拚禁花憔悴年年。寒信急，又神宮淒奏，分付哀蟬。　終古巢鸞無分，正飛霜金井，拋斷纏綿。起舞迴風，纔知恩怨無端。天陰洞庭波闊，夜沈沈流恨湘絃。搖落事，向空山休問杜鵑。

其意境已逼夢窗，此庚子以後，憂時感傷身世之作也。或以爲德宗還宮後，郵珍妃之作。金井二句，謂庚子西幸時，那拉后下令推墮珍妃於宮井，致有生離死別之悲也。又：

鷓鴣天　庚子歲除

似水清尊照鬢華，尊前人易老天涯。酒腸芒角森如戟，吟筆冰霜慘不花。　拋枕坐，卷書嗟，莫嫌啼煞後棲鴉。燭花紅換人間世，山色青回夢裏家。

尤字字如淚，「莫嫌啼煞後棲雅」，棲雅不定，其身世棲皇如雅，東坡：「驚起却回頭，有恨無人省」也。燭花飄落時事不可復問，青春江山，託諸夢寐，語意淒絕，眞深文而隱蔚，遠旨而近言者矣！其：

木蘭花慢 送陳伯弢之官江左

聽枯桐斷語，識君恨，十年遲。正濺淚花繁，迷歸燕老，春去多時。相攜，夢華故地，怪單衣無路避塵緇。錦瑟看承暫醉，白頭吟望低垂。　差差，津館柳成絲，離緒費禁持。問何計消磨，夕陽宦味，逝水心期？鴟夷，舊狂漫理，已沈陰江表杜鵑啼。莫上吳臺北望，斜煙亂水淒迷。

此亦可以怨矣！錦瑟暫醉，白頭低垂，是義山之落莫無依，亦杜老之江山秋興。江表杜鵑啼，則是故國不堪回首矣！詞人心事，不覺其屬引淒異也。半塘老人之逝，彊邨感知音之難遇，詞以悼之：

木蘭花慢 程使君書報半塘翁亡，翁將之若耶上塚，且爲西湖猿鶴之問，遽逝湖中，賦此寄哀，時方爲翁校刊半塘定稿，故章末及之。

馬塍花事了，但持酒，問西泠。信有美湖山，無聊缾鉢，倦眼難青。飄零，水樓賦筆，要扁舟一繫暮年情。纔近要離塚側，故人眞箇騎鯨。自注：昔年和翁生壙詞，有云「傍要離穿塚爾何心長安。」翁笑曰：「息壤在彼。」豈讖耶？　瑤京，何事問元亭？九辨總無靈。算浮生銷與，功名抗疏，心事傳經。冥冥，夜臺碎語，咽飄風鄰笛不成聲，恨墨盈牋未理，暗蟲涼墮愁鐙。

如秋鶴孤飛，夜猿淸歗，埋息無端，寄愁何處，亦勞人之歌也。晚年故人零落，身世尤落落，詞已不多：

洞仙歌　過玉泉山

殘風賸幘，悄不成游計。滿馬西風背城起。念滄江一臥，白髮重來，渾未信禾黍離離如此！　玉樓天半影，非霧非煙，消盡西山舊眉翠。何必更繁霜，三兩棲鴉，衰柳外斜陽餘幾？還肯爲愁人住些時，只鳴咽昆池，石鱗荒水。

如此聲可裂帛，絕筆之作爲：

鷓鴣天　辛未長至口占（按：是年十一月十二日卒）

忠孝何曾盡一分？年來姜被減奇溫，眼中犀角非耶是，身後牛衣怨亦恩。泡露事，水雲身，枉拋心力作詞人，可哀惟有人間世，不結他生未了因。

情詞自苦，令人感喟，不忍卒讀。張爾田有讀彊邨集望江南云：「霜腴好（語業卷二有聽楓園春集用夢窗詞。）曾憶鶩翁評。天外鳳皇誰得髓？人間韶濩有中聲，七寶自然成。衡門意，投老若爲家。半篋傷心餘諫章，一春垂涙對江花，應有匪風嗟。」可以概彊邨之生平。彊邨自刻詞爲彊邨語業二卷，卒後門人爲續編一卷，今此三卷，天壤間爲瓌寶矣！清季詞人，彊邨爲一大結束，後之來者將承其緒而開張之，則有待矣！

馮煦　字夢華，金壇人。光緒丙戌進士，授編修，累官至安徽巡撫。少好詞賦，旁究倚聲，彊邨校刊東坡樂府，屬夢華爲之序。夢華就毛氏宋六十一家詞，擇其精粹，選爲十二卷，自爲例言，學者奉爲楷則。復堂序夢華詞曰：「閱丹徒馮煦夢華蒙香室詞，趨向清眞、夢窗得澀意。單調小令高情遠韻，少許勝多，殘唐、北宋成罕格，夢華有意於此。」小令佳者，如：

南鄉子

一葉碧雲輕，建業城西雨又晴。換了羅衣無氣力，盈盈，獨倚闌干聽晚鶯。　何處是歸程？脈脈斜陽滿舊汀。雙槳不來閒夢遠，誰迎？自戀蘋花住一生。

陳洵　字述叔，廣東新會人。少有才思，晚授詞學中山大學。彊邨見其詞，甚推許，爲刊其海綃詞。述叔性孤峭，少與黃節善，梁鼎芬稱「陳詞黃詩」以揚譽之。同治十年生，民國三十一年卒，年七十二。述叔詞學夢窗，彊邨曰：「海綃詞神骨俱靜，此眞能大傳夢窗者。」又曰：「善用逆筆，故處處見騰踏之勢，淸眞法乳也。」長調如：

燭影搖紅　滬上留別彊邨先生

鱸膾秋杯，樹聲一夜生離怨。趁潮津月向人明，還似當時見。芳草天涯又晚，送長風蕭蕭去雁。淒涼客枕，宛轉江流，揭來孤館。　頭白相看，後期心數逡巡遍。此情江海自年年，分付將歸燕。襟淚香蘭暗泫。兩無言青天望眼。老懷翻怕，對酒聽歌，吳姬休勸。

似夢窗而非必以襞積爲工也。張爾田曰：「近代詞當以樵風爲正宗，彊邨爲大家。沚叔則有偏勝矣！」

王國維　字伯隅，號靜安，海寧人。光緒三年生。早歲治詞曲，晚攻經史、古文字，發前人所未發。主清華大學研究所，爲一代大師。民國十六年自沈於昆明湖，年五十歲。論詞有人間詞話。彊邨定其詞爲觀堂長短句。小令往復幽咽。

蝶戀花

昨夜夢中多少恨？錮馬香車，兩兩相行近。對面似憐人瘦損，衆中不惜搴帷問。　陌上輕雷聽隱轔，夢裏難從，覺後那堪訊？蠟淚窗前堆一寸，人間只有相思分。」眞摯處逼近花間，此性情中來，不可僞也。

呂碧城　字聖因，安徽旌德人。光緒九年生，姊妹三人，並工文藻，聖因與長姊惠如兼善填詞。聖因早年爲樊增祥所激賞，中年去國卜居瑞士，弘揚佛法，興至不廢倚聲。自云：「浮生有限，學道未成，移情奪境，以詞爲最。風皺池水，狎而玩之，終必沈溺，凜乎其不可留也。」早年刊信芳詞，晚自訂爲曉珠詞四卷。民國三十二年卒於香港，年六十。其小令：

清平樂

冷紅吟遍，夢繞芙蓉花。銀漢懨懨清更淺，風動雲華微捲。水邊處處珠簾，月明時按歌絃。不是一聲孤雁，秋聲那到人間？

其閒適之情，一似南唐二主之遺韻。聖因長調亦與夢窗爲近。詠雪橇尤爲詞學史之新聲雅奏矣！

玲瓏玉　阿爾伯士雪山，遊者多乘雪橇，飛越高山，其疾如風，雅戲也。

誰門寒姿？正青素乍試輕盈。飛雲溜屧，朔風迴舞流霙。羞擬凌波步弱，任長空奔電，恣汝縱橫。崢嶸，詫遙峯時自送迎。

望極河山羃縞，警梅魂初返，鶴夢頻驚。悄碾銀沙，只飛瓊慣履堅冰。休愁人間途險，有仙掌爲調玉髓，迤邐塡平。悵歸晚，又譙樓紅燦凍檠。

引用書目

詞綜　朱彝尊
詞選　張惠言
浙西六家詞　龔翔麟
宋四家詞　周濟
詞辨　同上
篋中詞　譚獻
詞莂　朱祖謀
滄海遺音集　同上

清三家詞選　同上
近三百年名家詞選　忍寒
清四大家詞　同上
詞律　萬樹
詞林正韻　戈載
詞曲史　王易
詞史　劉毓盤
詞學通論　吳梅
白雨齋詞話　陳廷焯

人間詞話　王國維
介存齋論詞雜著　周濟
詞學講義　況周頤
蕙風詞話　同上
金荃玉屑　趙叔雍
蕙風詞史　同上
清詞玉屑　郭蟄雲
清人詞集
詞學季刊